LES CAHIERS DE L'IREA
N° 12 - 2017

Revue de l'Institut de recherches et d'études africaines (IREA)

Parlons économie et développement

L'Harmattan

LES CAHIERS DE L'IREA
N° 10 - 2017

Revue de l'Institut de recherches et d'études africaines
(IREA)

Parlons économie et développement

L'Harmattan

5-7, rue de l'École-Polytechnique 75005 Paris

http://www.librairieharmattan.com
diffusion.harmattan@wanadoo.fr
harmattan1@wanadoo.fr

ISBN : 978-2-343-12957-0
EAN : 9782343129570

Comité scientifique

Comité de lecture

Sommaire

Éditorial

Si l'étude de la monnaie ainsi que son incidence sur l'économie est l'une des plus vieilles préoccupations des chercheurs en science économique, les jugements les plus divers ont toujours été portés sur son efficacité quasi-miraculeuse pour les classiques et sur l'affirmation par les keynésiens de son inutilité quasi-totale pour remédier aux principaux maux économiques se traduisant par les déséquilibres des fondamentaux macro-économiques. Il y a donc clairement une divergence des vues entre ces deux écoles dues à l'hypothèse de la neutralité monétaire qui, dans son acception néoclassique, considère que la monnaie n'aurait pas, au moins à long terme, d'influence sur l'activité réelle. Ainsi, il apparait que la neutralité monétaire consiste en l'absence d'effets de la masse monétaire sur l'économie dans son ensemble. Autrement dit, la quantité de monnaie existante n'affecte pas l'économie. Le cas de la RDC illustre à volonté cette donne où des études ont abouti à des résultats issus de la mise en œuvre de la politique monétaire attestant de l'inefficacité des mécanismes de transmissions des chocs monétaires sur l'économie congolaise, notamment en ce qui concerne la période allant de 1960 à 2013. Sous d'autres cieux, tel le Togo, cette économie a pour nom l'agriculture.

Au Togo comme dans moult pays noirs africains, si l'actuelle génération d'agriculteurs a probablement réalisé plus de changement que leurs prédécesseurs qui n'avaient que la logique de semer et planter, rien, par contre ne montre mieux comment le passage d'une activité jadis repliée sur elle-même (mais présentant certains caractères d'une intense vie sociale) à une agriculture désormais ouverte sur le monde porte les fruits escomptés, avec en surcroit des conflits d'ordre humain qui ne semblent pas prêts de s'apaiser. En effet, avant l'arrivée des Européens sur les côtes africaines, les populations locales vivaient harmonieusement et jouissaient d'une certaine indépendance. Leur principale activité qu'est l'agriculture leur assurait avant tout une nourriture suffisante. Cependant, la manière dont la colonisation exploita les ressources agricoles des colonies a eu une grande influence sur le développement de l'agriculture avec tout ce qui l'accompagne comme avatars. Néanmoins, il convient de constater que l'agriculture en Afrique noire, dont celle togolaise, est en pleine mutation et, ceci, grâce à l'effort de tous les partenaires nationaux et internationaux, de sorte qu'elle s'affirme de plus en plus à travers un ensemble de dispositifs d'encadrement qui ne cesse de s'adapter plus ou mieux aux nouvelles donnes. Ainsi, au Togo spécifiquement, les programmes et les projets sont mis en place dans la gestion des différentes filières coordonnées par le ministère de l'Agriculture de l'Élevage et la Pêche (MAEP) depuis l'indépendance du pays en 1960, de sorte que l'agriculture traditionnelle togolaise n'est plus à être qualifiée de subsistance et d'extravertie, mais comme une agriculture résolument orientée vers une « sécurité alimentaire » et en tant que source de revenus aux producteurs.

Malheureusement, la dette extérieure n'arrange pas toujours les pays africains.

Et de fait, le problème de la dette extérieure et des besoins en ressources en Afrique est directement lié à l'accumulation de capital et à la croissance économique. Or justement, les déficits budgétaires insoutenables ont été caractérisés par une crise financière dans la plupart des pays d'Afrique subsaharienne des décennies après leur indépendance. En cela, depuis la crise financière des années 1980 dans les pays en développement, les prêteurs étrangers ont transféré chaque année des milliards de dollars à des pays déficitaires, afin d'accroître leur richesse nationale. Toutefois, le déficit de la balance des paiements dans ces pays était considéré comme une situation économique normale. C'est ainsi que pour stimuler la croissance économique et attirer les investisseurs étrangers, les pays déficitaires ont été encouragés à emprunter à l'extérieur. Mais peu d'efforts ont été fournis pour la gestion des fonds empruntés. Cette réalité est particulièrement illustrée en RDC où, malheureusement, l'économie a été caractérisée par des faits anormaux tels que le manque de gouvernance compétente, la corruption, la guerre, l'instabilité politique et économique, etc. Cela explique un paradoxe incroyable à savoir que la RDC a beaucoup de ressources potentielles et que, pourtant, la majorité de la population (80 %) survit avec un revenu d'environ 0,20 $ US par jour. C'est dire tout l'impact de la dette extérieure et du service de la dette extérieure sur la croissance économique dans ce pays, par exemple sur la période 1972 à 2012 étudiée par l'auteur de l'article intitulé « L'impact de la dette extérieure sur la croissance économique en République démocratique du Congo (RDC) », qui recommande aux décideurs d'utiliser la stratégie de couverture lors de la contractualisation de la dette extérieure

Dans la même compréhension, le Cameroun, entre 1980 et 1990, a subi une profonde crise économique et financière, de sorte que plusieurs entreprises furent contraintes de mettre leurs clés sous les paillassons occasionnant, par voie de conséquence, un chômage de masse, notamment chez les jeunes diplômés de l'enseignement supérieur. Pourtant et de façon paradoxale, cette situation difficile n'a pas empêché les groupes pétroliers (TOTAL, MOBIL, SHELL) présents au Cameroun de se lancer dans une nouvelle aventure à travers la construction de nouvelles stations-service à travers différents points des quartiers des capitales politique et économique du Cameroun. L'intérêt d'un tel paradoxe a été de permettre à plusieurs chômeurs et autres demandeurs d'emplois d'accéder à un emploi rémunéré. La problématique abordée par l'auteur de l'article « Les ouvriers des stations-service au Cameroun » consiste à mettre en lumière, entre autres, l'enjeu et les logiques qui sous-tendent la construction de nouvelles stations-service en période de crise par les groupes pétroliers par-delà les demandes d'emploi. Demande ? Il y en a aussi sous d'autres formes. C'est le cas de celle de la monnaie en RDC.

Contrairement aux auteurs classiques pour lesquels la monnaie remplissait avant tout les fonctions de moyen de paiement et unité de compte, et celle selon laquelle la monnaie n'était pas désirée pour elle-même, il est devenu clair, pour les économistes du XXe siècle, que la monnaie n'est pas seulement demandée pour être immédiatement dépensée, mais aussi en vue d'être conservée plus ou moins longtemps. L'auteur de l'article « Analyse des déterminants de la demande de monnaie en République Démocratique du Congo », dans une étude menée au moyen des séries chronologiques de la Banque Centrale du Congo, et portant sur la période allant de 1960 à 2015, expose que la fonction de demande de monnaie apparait comme un instrument d'analyse économique particulièrement important dans la mesure où une telle analyse permet, grâce à la modélisation de demande des encaisses réelles, de déterminer un taux de croissance de la masse monétaire qui soit compatible avec les objectifs de stabilité des prix et de croissance du revenu réel pour autant qu'en République Démocratique du Congo, il existe une forte corrélation entre le niveau de développement et celui de son système financier, de sorte que les innovations qui émergent dans le système financier en matière d'instruments financiers affectent particulièrement les agrégats monétaires dans les plus larges mesures, dont celle du logement telle qu'étudiée par un auteur en RCI.

Bien des gens ne choisissent pas les conditions dans lesquelles ils vivent, ni le « métier » (bien souvent un bricolage) grâce auquel ils survivent. Le revenu tiré du second impose les premières. Améliorer les conditions de logement, leur et attribuer (imposer) un répondant à un minimum de normes de salubrité, implique de faire en sorte que tous disposent d'un métier d'où tirer un revenu décent, suffisant pour payer le second au prix du marché, ou leur attribuer gratuitement ou presque ce logement qui est alors en totalité subventionné par l'État. Cette perspective rejoint celle de l'ONU-Habitat qui travaille avec la Commission européenne et le Secrétariat, basé à Bruxelles, de l'Afrique, des Caraïbes et du Pacifique (ACP) pour soutenir le développement urbain durable et qui souhaite voir diminuer le nombre des personnes vivant dans les bidonvilles qui connaissent une expansion de plus en plus forte dans les pays en voie de développement. En cela, faut-il le rappeler, le développement du Tiers-Monde ne peut se faire en ignorant les besoins des ressortissants de chaque pays dans leur droit à disposer d'un emploi ainsi qu'énoncé dans le préambule de la constitution française de 1946 : « Chacun a le devoir de travailler et le droit d'obtenir un emploi. » En Côte d'Ivoire, par exemple, 48,9 % (PNUD) de la population vit sous le seuil de pauvreté, c'est-à-dire avec moins de 450 FCFA par jour (2013). Dans ce cadre, faire venir des investisseurs étrangers est malaisé dans des pays dont la stabilité politique est incertaine, dont les magistrats ont une triste réputation, dont les institutions financières préfèrent ériger des fortifications pour empêcher l'argent de sortir que laisser les opérateurs libres, etc. Un des issus probable est le secteur informel qui, alors, pourrait comble une partie au moins de l'insuffisance d'emplois, même si les rémunérations qui y sont versées sont très inférieures au minimum légal, de sorte que les bénéfices le sont souvent tout autant. Dans ce secteur et par voie de conséquence, « patrons » et salariés, faute de logements sociaux, logent dans des habitations précaires. Que faire ? Détruire ces microentreprises et ces minuscules logements ne favorise en rien la croissance économique, mais précipite des milliers de personnes vers la misère dont une issue est la prostitution pour les femmes, et une autre le banditisme pour les hommes. Certes, le secteur informel est un moyen apprécié par la Banque mondiale et le FMI pour lutter contre la pauvreté, car les logements précaires permettent à une importante population de survivre à l'abri des intempéries. Cependant et malheureusement, le secteur informel reste à l'écart des administrations notamment de celle des impôts, les habitats précaires se multipliant loin du droit foncier et des règles les plus élémentaires de salubrité et de sécurité. Il revient donc aux gouvernants de se pencher sur le problème, de façon réaliste.

Blaise BAYILI

Incidence de la monnaie sur le PIB en République Démocratique du Congo, « une approche empirique de vérification de l'hypothèse de neutralité monétaire »

Janvier EGUDRA NYADRI
Assistant et Chercheur engagé
Faculté des Sciences économiques et de Gestion
Université de Kisangani (RDC)

Problématique

L'étude de la monnaie ainsi que son incidence sur l'économie est l'une des plus vieilles préoccupations des chercheurs en science économique. Cette préoccupation apparait de nos jours comme la principale anxiété indéniable à la politique monétaire, qui est l'une des formes les plus anciennes de l'intervention des pouvoirs publics au sein de l'activité économique, pour autant que l'on date souvent ses premières manifestations du début des années 1837 (Mallik et Chowdhury, 1999).

Malgré cette ancienneté, les jugements les plus divers ont toujours été portés sur son efficacité quasi-miraculeuse pour les classiques, à l'affirmation par les keynésiens de son inutilité quasi-totale pour remédier aux principaux maux économiques se traduisant par les déséquilibres des fondamentaux macro-économique abrégés dans le carré magique de Nicholas Kaldor. Le fondement de cette divergence des vues entre ces deux écoles est principalement dû à l'hypothèse de la neutralité monétaire qui, dans son acception néoclassique, considère que la monnaie n'aurait pas, au moins à long terme, d'influence sur l'activité réelle ; toute augmentation de la masse monétaire en circulation ayant pour seule conséquence une hausse proportionnelle du niveau général des prix (Irving Fisher, 1909).

Autant le dire, la neutralité monétaire consiste en l'absence d'effets de la masse monétaire sur l'économie dans son ensemble. Ce qui revient à considérer que la quantité de monnaie existante n'affecte pas l'économie (production, revenu, investissement, épargne, prix relatifs (Goodfriend et King, 2000)).

Les études empiriques récentes révèlent que l'accroissement de la quantité de monnaie par les pouvoirs publics pour stimuler l'activité entraine dans la plupart des pays l'augmentation des encaisses réelles des agents. Cela a pour effet de leur permettre davantage d'achats. La demande augmente donc fortement, et l'offre doit s'y adapter. Mais à court terme, l'offre ne peut pas s'adapter (car les facteurs de production sont pleinement employés, et il est impossible d'augmenter la production) ; les prix augmentent donc (car il y a peu de produits sur le marché), ce qui a pour effet de réduire la valeur réelle des encaisses.

Plusieurs recherches ont abordé cette question de l'interaction entre les secteurs monétaire et réel de l'économie dans plusieurs pays, principalement africains.

Parmi ces travaux, il y en a qui ont planché le rapport entre l'inflation et la croissance économique, et ont dans l'ensemble, approuvé les effets antinomiques de l'hyperinflation sur le niveau du PIB. Néanmoins, une faible inflation a été révélée comme élément stimulateur de la croissance économique dans la plus part d'économies étudiées (Tun Way, 1959 ; Paul Krugman et al, 1997 ; Thirwall et Barton, 1971 ; Syarel Diawel, 1970).

D'autres se sont préoccupés du rapport entre l'inflation et le chômage. Les résultats de ces études suggèrent largement l'opportunité d'un arbitrage par les pouvoirs publics, entre ces deux objectifs de nature contra-cycliques, en vue de réaliser la performance économique, selon que l'on soit dans la visée de la stabilité de prix ou de la relance économique pour réaliser le plein emploi. Toutefois, une contre lecture de l'un des analystes dans cette tendance démontre que l'arbitrage est possible seulement à court terme, d'autant plus qu'à longue période, les agents économiques ne sont pas victimes d'illusion monétaire, et finissent par ajuster leur comportement en réponse aux comportements des instruments cibles de la politique économique. Et donc, toute politique d'expansion de la masse monétaire ne finit que par générer l'inflation à long terme (William Phillips, 1957 ; F. Perroux, 2005 ; G. Koenig, 2000 ; Bernanke et Mishkin, 2000).

En RDC, l'histoire de l'expansion de la production intimement liée à la politique monétaire s'est caractérisée par les phases essentielles ci-après : la période 1960 à 1966 a été d'abord marquée par la guerre civile très meurtrière qui a désorganisé la vie économique du pays. L'éclatement du pays en plusieurs pouvoirs sécessionnistes a rendu peu fiable les données économiques, du reste, très contestables sur la période ; une phase de croissance de production allant de 1967 à 1974 avec un taux de croissance réel du PIB de 7 % en moyenne ; une phase de crise de 1975 à 1980 avec un taux de croissance économique de 0,8 % ; une phase qu'on qualifierait de déglingue économique à partir des années 1990[1].

Cette dernière phase est marquée par les caractéristiques ci-après : l'indice des prix à la consommation a augmenté en moyenne de 28 % entre 1997 et 2000 et en 2001 il est tombé à 99 %, alors qu'au Cameroun la moyenne de hausses a été de 2,8 % entre 1997 et 1999 et en 2001 il a atteint 6 % et pour le Gabon il s'est observé un taux moyen de 2 % entre 1997 et 2000 (KIKANDI KIUMA, D.E.A. 2004). Tous ces indicateurs, bien qu'ils portent sur une courte période, montrent que le Cameroun et le Gabon présentent des meilleures performances. La guerre qui, de surcroît, a sévi en RDC a aggravé la situation.

En effet, depuis les années 1980, l'économie de la RDC est entrée dans une phase de crise structurelle profonde qui se traduit par la baisse systématique de tous les indicateurs économiques tels que le taux de croissance annuelle, le produit intérieur brut (PIB), les indicateurs de production dans l'agriculture et l'industrie. Cette crise s'est particulièrement aggravée depuis l'année 1990 avec les réformes politiques et l'arrêt du financement extérieur par le biais de la coopération bilatérale ou multilatérale.

Sur les plans monétaire et financier, l'objectif déclaré de la BCC s'est figé à obtenir et de maintenir la stabilité des prix à travers l'ajustement de l'offre de monnaie à sa

---

[1] Rapport de la BCC, Index d'informations générales sur le cadrage macroéconomique, Kinshasa 2000.

demande[2]. Pour mettre en œuvre cette politique, l'institut d'émission devrait régulièrement déterminer le cadre de pilotage à travers lequel la politique monétaire est mise en œuvre au cours de l'année. À partir de ce cadre, elle décide la mesure dans laquelle il convient de resserrer ou d'assouplir les conditions monétaires.

Les résultats partiellement discutables issus de la mise en œuvre de la politique monétaire attestent d'une part l'inefficacité des mécanismes de transmissions des chocs monétaires sur l'économie congolaise. L'inélasticité des taux d'intérêt des banques commerciales produit des effets inattendus de la monnaie sur l'économie réelle. Pourtant, la politique monétaire menée par la BCC était censée se répercuter sur le niveau de prix comme objectif principal, ainsi que sur le niveau de la production intérieure en vue d'enclencher le cycle d'une croissance économique durable et structurée sans produire d'effets pervers au sein de l'économie.

Ce faisant, l'exploration de la littérature renseigne dans la plupart des cas sur les effets de la monnaie sur les autres grandeurs macroéconomiques suivant les objectifs de chaque recherche. Ainsi, en complément de cette revue de littérature, la présente étude entend se pencher sur la vérification de l'hypothèse de la neutralité monétaire au sein de l'économie de la RDC. Il s'agit concrètement d'analyser la répercutions des chocs d'impulsions monétaires sur l'économie étudiée, mieux le rapport entre les séries annuelles de PIB et de masse monétaire réels, sur une période s'étalant de 1960 à 2013 en vue d'en déduire l'impact.

---

[2] Rapport du Comité de Pilotage de la Politique Monétaire de la BCC, consulté le 13 juillet 2010 in magazine économique sur www.bcc_drc.org.

À cet effet, l'objectif de la présente étude consiste à démontrer comment les chocs d'impulsion monétaire ont-ils affecté le volume de la production en RDC de 1960 à 2013. Le fondement théorique de l'étude étant puisé de la synthèse de l'analyse néoclassique, il est admis au titre d'hypothèse, que toute modification du volume de la masse monétaire serait fonction positive du volume de la production nationale. Cette hypothèse est opérationnalisée à travers l'analyse du rapport entre les agrégats monétaires et réels représentés par les variables ou séries annuelles de PIB réel (y_t) et d'agrégat monétaire (m_t) sur une période s'étalant de 1960 à 2013.

Méthodologie

La vérification de cette hypothèse est faite au moyen du modèle vectoriel autorégressif VAR avec restrictions spécifié dans le cadre de co-intégration et utilisé pour de séries non stationnaires et co-intégrées.

Cette approche économétrique est convoquée à ce niveau en vue de capturer les interdépendances entre ces deux séries temporelles : PIB réel (y_t) et la monétaire (m_t) de 1960 à 2013. Elle a été appuyée par la technique documentaire, qui a permis, grâce à la consultation des différents ouvrages, mémoires, articles de revues, notes des cours, différents rapports de la BCC et autres publications ayant trait à l'étude, d'accéder aux informations relatives à la politique monétaire menée au sein de l'économie de la RDC.

Présentation des résultats

Les résultats que nous présentons à ce niveau sont des séries annuelles issues des statistiques de la Banque Centrale du Congo et de l'institut national des statistiques. Une chronique (voir tableau n°01 en annexes) relative aux facteurs déterminants de notre modèle, à savoir : le PIB réel (y_t)et la masse monétaire réelle(m_t)de 1960 à 2013.

Analyse des résultats

1.1. Détermination du degré d'intégration des variables à niveau[3]

a) Test de stationnarité de Dickey Fuller Augmenté (ADF Test)

Les tests de stationnarité permettent de vérifier si une série est stationnaire ou non. Il y a deux types de test différents : les tests de stationnarité, comme le test KPSS, pour lesquels l'hypothèse nulle H0 est que la série est stationnaire, et les tests de racine unitaire comme le test de Dickey-Fuller, le test augmenté de Dickey-Fuller (ADF), ou encore le test de Phillips-Perron (PP) pour lesquels l'hypothèse nulle est que la série a été générée par un processus présentant une racine unitaire, et donc, qu'elle n'est pas stationnaire.

XLSTAT propose le test KPSS, le test de Dickey-Fuller et sa version augmentée ainsi que le test de Phillips-Perron. Pour ce qui nous concerne, nous examinons l'ordre d'intégration de nos deux variables le PIB réel (y_t)

et la masse monétaire réelle[4](m_t) par les tests de racine unitaire comme le test de Dickey-Fuller. Il est à noter que lesdits tests sont conçus sous l'hypothèse que le terme d'erreur dans la régression suit une distribution normale.

Ainsi, nous devons corriger le processus générateur des données en vérifiant la significativité du Lag dans cette régression aussi bien celle du terme constant que du trend, ainsi que l'absence d'auto corrélation (*Procédure de Campbell et Perron*).

En appliquant cette procédure, nous avons trouvé les résultats ci-après :

---

[4] Pour avoir la masse monétaire réelle, nous avons divisé la masse monétaire courante par l'indice des prix à la consommation (IPC).

Variables	ADF test	Stationnarité à niveau			Stationnarité en différence			Décis°
		Tendance	Constance	Sans	Tendance	Constance	Sans	
PIB réel	-2,5534**	Non	Non	Non	Non	Non	Oui	I(1)
MM réelle	-6,2644***	Non	Non	Non	Non	Non	Oui	I(1)

Les signes (**), (***) représentent respectivement la stationnarité des variables au seuil de 5 % et 1 %.

Il ressort des résultats ci-dessus que le PIB réel et la masse monétaire réelle sont I(1) c'est-à-dire que ces variables (PIB réel et Masse monétaire réelle) sont stationnaires à la première différence pour un modèle sans tendance ni terme constant. Elles sont alors intégrées de même ordre.

Du fait que nos deux variables n'aient pas été intégrées en niveau I(0), leur stationnarité à la première différence I(1) invoque probablement l'existence d'une relation de long terme d'autant plus qu'elles sont intégrées au même niveau. Nous pouvons, au regard de ces signaux, conclure que les variables PIB réel et Masse Monétaire réelle sont intégrées d'ordre 1. En d'autres termes, les variances de ces deux variables sont infinies. Il se pourrait qu'une combinaison linéaire de ces deux variables soit stationnaire auquel cas on dirait qu'elles sont cointégrées. D'où la nécessité pour nous de procéder à la vérification du lien de causalité entre ces deux variables par les tests ci-dessous :

b) Tests de causalité de Granger

Le test de causalité de Granger permet de vérifier l'existence d'une relation éventuelle entre les variables sous examen. Celui-ci sera effectué à un Lag maximum de 2, nous émettons les hypothèses suivantes :

✓ H_0 : Pas de causalité entre $\mathbf{LMM_t}$ et $\mathbf{LY_t}$ si la probabilité est supérieure au seuil de signification de 5 % ($p > 0{,}05$)

H_1 : il y a causalité entre $\mathbf{LMM_t}$ et $\mathbf{LY_t}$ si cette probabilité est inférieure au seuil ($p < 0{,}05$)

✓ H_0 : pas de causalité entre $\mathbf{LY_t}$ et $\mathbf{LMM_t}$si la probabilité est supérieure au seuil ($p > 0,05$)

H_1 : il y a causalité entre $\mathbf{LY_t}$ et $\mathbf{LMM_t}$si la probabilité est inférieure au seuil ($p < 0,05$)

Les analyses effectuées présentent les résultats suivants :

Pairwise Granger Causality Tests

Date : 06/09/16 Time : 22:36

Sample : 1960 2013

Lags : 2

Null Hypothesis:	Obs	F-Statistic	**Prob.**
LMM does not Granger Cause LY	**52**	7.28846	**0.0017**
LY does not Granger Cause LMM		4.83020	**0.0124**

Source : Nos estimations sur base du logiciel Eviews.

À la lecture du tableau ci-dessus qui étale le test de causalité à un Lag égal à 2, il est nettement perceptible que les deux hypothèses nulles sont rejetées (Absence de causalité de $\mathbf{LMM_t}$ vers $\mathbf{LY_t}$ et absence de causalité de $\mathbf{LY_t}$vers$\mathbf{LMM_t}$). On a ainsi une **causalité bidirectionnelle**, on parle de boucle rétroactive (**feedback effect**). Ce qui signifie qu'il existe une relation bidirectionnelle entre la masse monétaire et la production nationale, car les différentes probabilités du test dans les deux cas sont respectivement de **0,0017** et **0,0124**, toutes, inférieures au seuil de signification. Cela illustre que la monnaie exerce un impact non négligeable sur le volume de la production nationale de la RDC.

- **Détermination du Lag maximum.**

L'estimation du modèle VAR avons-nous dit, nécessite le choix du nombre de décalages ou du Lag maximum. La théorie sur le VAR(p), nous dit qu'en quand des séries trimestrielles, le Lag maximum par défaut est 8 ; pour une série annuelle ayant moins d'observations, le Lag doit être inférieur à 8 et doit avoir le caractère binaire, par exemple (1,2). On retient le retard qui minimise les critères d'information Akaike Info Criterion (AIC), schwarz Criterion (SIC) et Hannan-Quinn Criter (HIC).

VAR LagOrder Sélection Criteria

Endogenous variables : LY LMM

Exogenous variables : C

Date : 06/09/16 Time : 22:41

Sample : 1960 2013

Included observations : 49

Lag	LogL	LR	FPE	**AIC**	**SC**	**HQ**
0	-40.77606	NA	0.019648	1.745961	1.823179	1.775258
1	41.44445	154.3732	0.000807	-1.446712	-1.215061	-1.358824
2	**61.69639**	**36.37082***	**0.000416***	**-2.110057***	**-1.723971***	**-1.963576***
3	64.40917	4.650478	0.000440	-2.057517	-1.516997	-1.852444
4	67.94337	5.770132	0.000450	-2.038505	-1.343551	-1.774840
5	69.78238	2.852346	0.000495	-1.950301	-1.100913	-1.628045
*** indicates lag order selected by the criterion**						

LR : sequential modified LR test statistic (each test at 5% level)				
FPE : Final predictionerror				
AIC: Akaike information criterion				
SC : Schwarz information criterion				
HQ : Hannan-Quinn information criterion				

Source : nos estimations sur base du logiciel Eviews.

Ainsi, pour l'estimation de notre modèle, le retard maximum retenu est de 2, car ce Lag minimise les différents critères d'information (AIC, SC, HQ).

- **Estimation du modèle**

À ce niveau, nous passons à l'estimation du modèle qui consiste à établir la relation entre la masse monétaire et le PIB réels. Avant de passer à l'estimation du modèle, il sied de souligner que toutes les deux variables sont stationnaires. Ainsi donc, les résultats du modèle de long terme estimé par la méthode des moindres carrés ordinaires (*les variables sont en* log) sont présentés ci-après :

$$\begin{aligned} D(LY) = \ & 0.004456 + \mathbf{0.723D(LY(-1))} \\ & - 0.055\mathrm{D(LY(-2))} \\ & + 0.014931\mathrm{D(LMM(-1))} \\ & + 0.006835\mathrm{D(LMM(-2))} \end{aligned}$$

t-stat (0.78489) (5.85357) (-0.55293) (1.41803) (0.66973)

$R^2 = 0.530809$

$F_{statistic} = 13.01027$

Il ressort de cette estimation que le paramètre associé à la production, décalée d'une période est statistiquement significatif. Par ailleurs, la constante et les autres paramètres restent en revanche sans impact significatif sur la production.

Il est à signaler tout de même que, bien que sans impact significatif sur le plan statistique, la masse monétaire présente une influence positive sur la production du pays. De ce qui précède, le coefficient de détermination tiré du tableau d'estimation en annexe nous renseigne que $R^2 = 0.530832$, c'est-à-dire, le modèle ci-dessus est expliqué à 53,08 %. Comme le F_{cal} (13.01027) > F_{th}(3,89) et la probabilité de $Prob_F$ (0.000000) < 0,05 ; donc on rejette l'hypothèse nulle et le modèle est dit globalement significatif.

Ce résultat traduit dans la pratique, l'incidence de la politique monétaire sur la production en RDC. Bien qu'il existe d'autres variables qui entrent en jeu dans la planification de la relance économique au pays dont notamment le recours à d'autres instruments conjoncturels de la politique économique tels la politique budgétaire, la politique de prix…

$$D(LMM) = -0.051833 - \mathbf{0.395756(LMM(-1))} - 0.255235(\mathrm{LMM}(-2)) + 2.880188(\mathbf{LY(-1)}) + 2.314660(\mathrm{LY}(-2))$$

t-stat (-0.69474) (-2.86015) (-1.90323) (1.77451) (1.77446)

$R^2 = 0.263656$

$F_{statistic} = 4.117706$

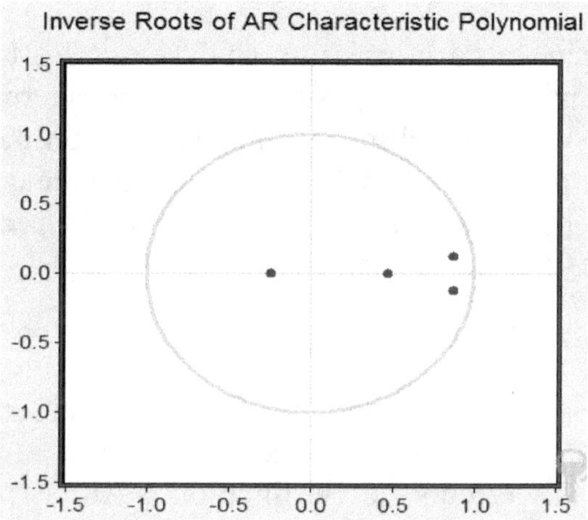

Figure 1. Condition de stabilité de VAR

De même, en partant de cette estimation, seul le paramètre associé à la masse monétaire avec décalage d'une période est significatif au seuil de 0,05. Les autres paramètres restent sans impact significatif, mais la production exerce une influence positive sur la monnaie durant la période sous étude telle que nous renseigne le tableau en annexe.

*** Analyse de la stabilité du VAR estimé**

À la lecture du présent graphique, il s'observe que le modèle VAR(p) ainsi estimé est stable au vu des paramètres qui sont intégralement contenus dans le cercle. Cette situation s'observe clairement dans le tableau en annexe. Passons alors à l'analyse résiduelle.

- **Analyses postestimatoires ou résiduelles**

1. Test d'autocorrélation des erreurs

Il se dégage de la présente analyse que les résidus de notre estimation ne sont pas liés ; en d'autres termes le test démontre qu'il y a absence d'autocorrélation des erreurs au vu des probabilités associées à la statistique de LM test à un Lag optimal de 2 qui sont largement supérieures au seuil de 0,05 ; voir tableau en annexe.

2. Test d'hétéroscédasticité

Le présent test témoigne en faveur de l'absence d'une hétéroscédasticité des erreurs. En d'autres termes, la variance des erreurs de l'estimation VAR est constante d'une période à une autre ; ce qui permet de conclure que les erreurs sont homoscédastiques au vu de la probabilité associée à Chi-deux (0,5230 > 0,05), voir tableau en annexe. L'analyse résiduelle de nos variables révèle bien à ce niveau qu'il n'existe pas d'autocorrélation des erreurs, ni l'hétéroscédasticité des erreurs.

Cette évidence empirique nous permet maintenant de passer à l'analyse des chocs afin de déterminer les fonctions de réponses impulsionnelles de la monnaie vers la production, et vice versa.

- **Analyse des chocs**

3. Fonctions des réponses impulsionnelles

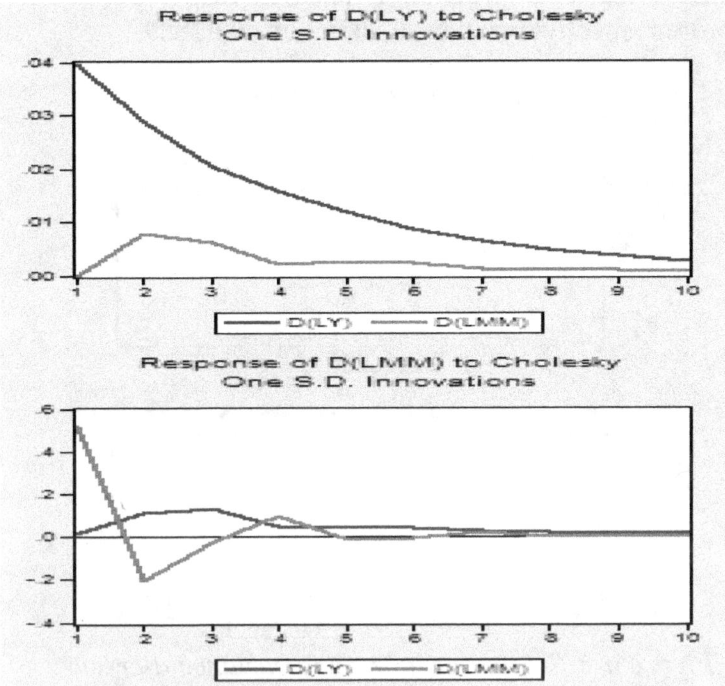

Figure n°2. Analyse des réponses impulsionnelles

De la lecture du présent graphique, il se dégage dans le comportement de nos variables une situation selon laquelle une innovation (choc) dans l'écart type de la production de l'ordre de 1 % entraine un changement positif dans la production et dans l'écart type de la monnaie, mais dans des proportions beaucoup plus moindre.

Cette situation s'éclaircit davantage dans la lecture du tableau en annexe sur les réponses impulsionnelles. En ce qui est de la variation de la masse monétaire, il s'observe qu'un choc d'**1 %** dans l'écart type de la monnaie à la 2e et 3e période entraine une variation positive de la monnaie respectivement de **0,1073** et **0,1279** et provoque une diminution de la production dans la même période de l'ordre respectivement de **-0,20562 et - 0,02889**.

4. Décomposition de la variance

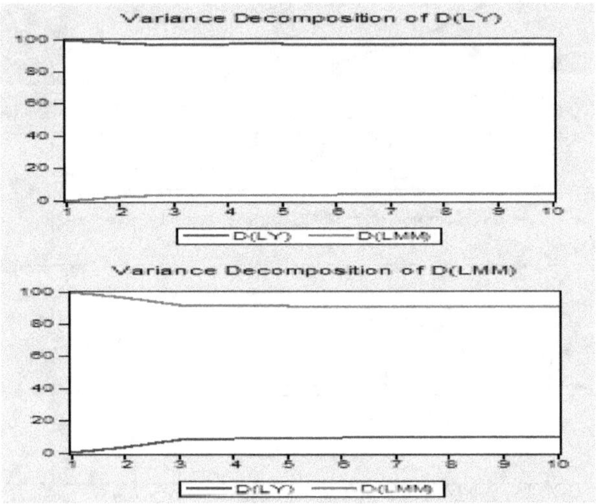

Figure n°3. Décomposition de la variance d'erreur

Après avoir décomposé les variances de nos paramètres, la lecture de la présente figure nous fait observer dans les comportements de nos variables une situation selon laquelle, les variations de la production sont expliquées essentiellement par ses propres variations (à hauteur de plus de 96 %) et ces variations ne sont expliquées par la monnaie que dans des proportions beaucoup plus moindre (soit à seulement 3,34 %).

De plus, il est à constater que les variations de la masse monétaire sont expliquées seulement à 9,8 % par des variations de la production et que ses propres variations demeurent importantes avec une influence de plus de 90 %. Cette situation se trouve bien explicitée dans le tableau de la décomposition de la variance qui est en annexe. Cela revient tout simplement à dire que le volume de production nationale dépend plus ici de sa propre valeur décalée de deux périodes que de l'influence exercée par les chocs d'impulsion monétaire.

La même logique mutatis mutandis, revient à considérer que la variation de la masse monétaire en une période donnée dépend plus du volume des moyens de paiement au sein de l'économie décalée de deux périodes que d'effets induits par le volume de la production nationale. Ainsi, nous pouvons aussi tester le comportement de ces deux variables en longue période par l'application du test de co-intégration de Johansen.

- **Test de co-intégration de Johansen (1988)**

Le test d'Engle et Granger a le probablement la lacune, celle de choisir une variable de normalisation et en petit échantillon, avec comme conséquence possible : le résultat peut dépendre de ce choix. C'est ainsi que Johansen (1988) et Stock et Watson (1988) ont développé simultanément une procédure de test basée sur le rang de la matrice π dans la représentation VECM :

$$\Delta x_t = A_0 + \pi x_{t-1} + \sum_{i=1}^{p} \pi_i \Delta x_{t-1} + \varepsilon_t$$

Le rang de cette matrice est égal au nombre de vecteurs de co-intégration. Le test sera donc basé sur le rang de cette matrice. Pour effectuer ce test, on doit calculer les valeurs propres de ladite matrice et évaluer si ces valeurs propres sont significativement différentes de zéro. Ce test

est une épreuve de maximum de vraisemblance et dépend de nombre de Lag dans le modèle à correction d'erreurs estimé. De ce fait, nous allons refaire le test de co-intégration de Johansen en spécifiant l'option appropriée, '***No deterministic trend***', tel qu'il ressort de tableau en annexe.

5. Résultats du test de Johansen

En se référant aux p-values des statistiques ' Trace statistic' et 'Max-eigenStatistic', on sait bien voir qu'on accepte dans les deux cas l'hypothèse de co-intégration entre les variables PIB réel et Masse monétaire réelle au seuil de 5 %. En d'autres termes, il existe une relation de long terme entre ces deux variables. Ces résultats corroborent ceux trouvés par la procédure d'Engle et Granger, et confirme de ce fait l'inutilité d'évoquer l'hypothèse de neutralité monétaire au contexte de l'économie de la RDC.

6. Estimation du vecteur de co-intégration

Il existe différentes façons d'estimer un vecteur de co-intégration ou modèle à correction d'erreurs. Ici nous avons privilégié l'estimation par la méthode de maximum de vraisemblance faisant suite au test de Johansen dont tableau en annexe. Pour pouvoir porter un jugement sur le mécanisme d'ajustement aux déviations de déséquilibre de long terme (causalité de long terme), nous reproduisons les résultats de l'équation ***D(LY)*** ci-dessus, dans les lignes qui suivent :

$$D(LY) = -0.030571 * (\mathrm{LY}(-1) - 0.684254186 * \mathrm{LM}(-1)) + 0.416506 * \mathrm{D}(\mathrm{LY}(-1)) + 0.008676$$

t-stat = (-3.046264) (-49.7337) (4.744680) (0.798133)

$R^2 = 0.401388$

Concentrons-nous sur le coefficient ***C(1),*** lequel est interprété comme étant la vitesse d'ajustement du déséquilibre de long terme. Cependant, il doit être négatif et significatif. À la lumière de ces résultats, il apparait que ce coefficient est négatif et significativement différent de zéro. Ce qui revient à dire qu'il y a causalité à long terme entre la masse monétaire réelle et le PIB réel. En d'autres termes, la masse monétaire réelle a une influence sur le PIB réel à long terme. Ou encore, il y a une causalité de longue période partant de la masse monétaire réelle vers le PIB réel. En définitive, après avoir soumis nos variables aux différentes analyses, nous pouvons alors passer à l'interprétation des résultats issus des modèles repris plus haut, car ces modèles viennent de répondre aux différents tests statistiques et économétriques.

7. Interprétation des résultats

Ce faisant, la première étape de notre analyse a porté sur le test de stationnarité de Dickey Fuller Augmenté (ADF Test). Ce test nous a permis de constater que les variables PIB et Masse monétaires réelles ont été intégrées d'ordre 1. Ce qui voudrait dire, les variances de ces deux variables sont infinies. Il se pourrait qu'une combinaison linéaire de ces deux variables soit stationnaire, auquel cas on dirait qu'elles sont cointégrées. En des termes simples, l'existence de la co-intégration entre le PIB réel et la masse monétaire réelle confirme dans le cas échéant, la relation de long terme entre ces deux séries temporelles. Ce qui signifie que nos deux variables sont liées par une relation linéaire à longue période.

Théoriquement, il est admis au travers de ce résultat que toute politique de la BCC en matière de la diminution de son taux directeur implique une augmentation du volume de la monnaie au sein de l'économie. Cette augmentation des encaisses qui traduit la capacité des entreprises à doubler d'efforts dans le processus de la production des biens et services déclenche la variation dans le même sens, du volume de la production.

Cette thèse répond fidèlement à l'hypothèse de non-neutralité de monnaie qui admet que la monnaie exerce une influence considérable dans la modification du volume de production au sein de l'économie réelle. D'où l'importance et la nécessité pour l'autorité monétaire ainsi que le gouvernement à mettre en place une politique monétaire prudente en vue de garantir l'adéquation entre la masse monétaire et le volume d'activités économiques.

Il s'en est suivi le test de causalité de Granger qui nous a révélé qu'il existe une relation bidirectionnelle entre la masse monétaire et la production nationale d'autant plus que les différentes probabilités du test dans les deux cas se sont respectivement présentées de **0,0017** et **0,0124**, toutes, inférieures au seuil de signification. Pour autant que les signes attachés à nos coefficients à ce niveau aient révélé l'existence d'une relation bidirectionnelle entre la masse monétaire et le PIB réel, nous avons prédit encore que la monnaie exerce un impact non négligeable sur le volume de la production nationale de la RDC, autant que le niveau du PIB induit significativement le volume de l'ensemble de moyens de paiement au sein de l'économie de la RDC.

Cette compénétration entre nos deux variables justifie l'intégration des deux secteurs de l'économie en RDC.

Cela est d'autant utile pour servir des bases essentielles à la diversification de l'économie, l'amélioration du système financier du pays et par conséquent, baliser l'environnement pour le développement du marché financier en RDC.

L'estimation de notre modèle VAR par la détermination du Lag maximum, nous avons réalisé qu'il ressort de ladite estimation que le paramètre associé à la production, décalé d'une période est statistiquement significatif. C'est-à-dire, en admettant une possibilité de se tromper à 5 pour cent, la production demeure significativement fonction positive de la variation de masse monétaire. Ce résultat confirme donc notre hypothèse de base, et affirmons que la monnaie n'est pas neutre en RDC de 1960 à 2013. Par ailleurs, la constante et les autres paramètres restent sans impact significatif sur la production, l'estimation ayant été faite sur une période de retard égale à 2.

Par ailleurs, l'analyse des chocs impulsionnels a plutôt démontré que la décomposition des variances de nos variables a fait expliquer chaque variable par sa propre valeur décalée de deux périodes. Autant dire, pour la variable PIB par exemple, sa valeur en une période donnée est plus fonction de sa propre valeur d'il y a deux ans. La même situation a aussi caractérisé le volume de monnaie en circulation qui est plus fonction du volume de la masse monétaire de deux ans passés, etc.

Ce contrecoup qui ne remet pas en cause notre hypothèse de base vient ajouter un aspect très important dans notre étude. En effet, il est établi à la lumière des indications que nous livre le tableau en annexe qu'outre les effets de la politique monétaire de la BCC sur la production des biens et services, le volume de cette production en une période donnée, dépend aussi de ses propres valeurs de deux périodes précédentes. Cette réponse traduit dans la pratique la pertinence de l'incidence non négligeable des autres mesures autre que la politique monétaire, sur la production en RDC.

Bien qu'il existe d'autres variables qui entrent en jeu dans la planification de la relance économique au pays dont notamment le recours à d'autres instruments conjoncturels de la politique économique tels la politique budgétaire, la politique de prix… accompagnés d'autres mesures d'encadrement telles les efforts en faveur de la bonne gouvernance, de l'assainissement du climat des affaires, le volume de la production nationale en RDC s'est révélé beaucoup plus tributaire de la politique de la BCC.

Au cas où ce contrecoup est dû par la faiblesse des canaux de transmission de la politique monétaire vers l'économie réelle, l'autorité monétaire injectera des liquidités par différentes méthodes (planche à billet, achat de titre, baisse du taux directeur le taux d'intérêt des emprunts ou des placements qu'on peut faire directement auprès de la banque centrale, etc.) pour faire remonter la masse monétaire et donc le niveau d'inflation (l'objectif étant en général une inflation faible, mais non nulle, pour éviter la déflation) ; pour faire baisser l'inflation, elle agira en sens inverse (arrêt de la planche à billet, vente de titre, augmentation du taux directeur, etc.)

Quant à l'influence de la politique monétaire sur l'activité, les modalités d'action sur la sphère réelle revêtent une grande importance pour opter en faveur du contrôle par la monnaie ou par le crédit. Réguler la quantité de monnaie revient à agir sur la structure des patrimoines financiers. La contrainte est indirecte puisqu'elle s'exerce sur l'intermédiaire des comportements d'encaisse et de portefeuille. Ce mode de contrôle permet de limiter le développement des tensions inflationnistes sans brutalité. Mais il suppose une certaine continuité pour être efficace.

Ainsi dans l'ensemble, les résultats auxquels nous avons abouti au cours de nos analyses viennent donc d'invalider l'hypothèse de neutralité monétaire au contexte de l'économie de la RDC. Il est évident à l'issue des différents tests auxquels notre hypothèse a été soumise, de constater que la masse monétaire réelle, de par ses liens de causalité avec la production nationale, a induit le volume du PIB réel, ce qui revient à confirmer notre hypothèse selon laquelle, toute modification du volume de la masse monétaire serait fonction positive du volume de la production nationale, ce qui correspond à l'hypothèse de non-neutralité de la monnaie en RDC de 1960 à 2013.

Il est donc vrai, comme on vient de le voir, qu'une augmentation de la masse monétaire peut relancer l'économie à travers la modification positive du volume de la production nationale, et faire baisser le chômage. Sur le plan pratique, l'autorité monétaire s'appuie sur une combinaison de la théorie quantitative à l'approche monétaire de la balance des paiements. La théorie quantitative permet de déterminer le stock de monnaie à injecter dans l'économie alors que l'approche monétaire de la balance des paiements permet de contrôler le niveau des réserves extérieures, à travers une action sur le volume de crédit.

Conclusion

Cette étude avait pour objet, l'examen de la validité de l'hypothèse de neutralité monétaire en RDC, en partant des conclusions de la nouvelle synthèse néoclassique. Cette conclusion de la nouvelle synthèse néoclassique sur les effets réels des impulsions monétaires redonne ses lettres de noblesse à la politique monétaire. Plus encore, elle permet aux économies actuelles faisant face à la pauvreté et à l'inertie de la croissance de compter avec l'instrument monétaire.

Il s'est agi d'analyser les répercussions des chocs d'impulsion monétaire vers le secteur réel, et particulièrement sur le PIB de la RDC de 1960 à 2013. L'hypothèse de la recherche a admis que toute modification du volume de la masse monétaire serait fonction positive du volume de la production nationale, ce qui synchronise avec le fondement de l'hypothèse de non-neutralité de la monnaie en RDC. Cette hypothèse a été opérationnalisée à travers l'étude des séries annuelles suivante : de PIB réel symbolisé par (y_t) et d'agrégat monétaire symbolisé par (m_t) sur une période s'étalant de 1960 à 2013.

La vérification de l'hypothèse a été rendue possible grâce au modèle vectoriel autorégressif (VAR) qui est une approche statistique ayant permis de capturer les interdépendances entre les séries temporelles susmentionnées. Par rapport à la récolte des données, la technique documentaire a été mise en contribution.

Après analyse et interprétation des résultats de l'étude, les signes attachés aux coefficients de PIB réel et de la masse monétaire réelle ont révélé dans l'ensemble le résultat suivant : $R^2 = 0.530832$ c'est-à-dire, notre modèle théorique de base a été expliqué à 53,08 %.

Comme le F_{cal} (13.01027) > F_{th}(3,89) et la probabilité de $Prob_F$ (0.000000) < 0,05 ; donc on rejette l'hypothèse nulle et le modèle est dit globalement significatif.

Cela signifie théoriquement qu'il existe une interdépendance entre la masse monétaire et le PIB réel en RDC. En terme simple, en acceptant une probabilité de se tromper au seuil de 5 %, la variation du PIB a été justifiée par celle de la masse monétaire à 53,08 %. Mieux, la variation du PIB en une période donnée est induite par la variation de la masse monétaire. L'étude révèle donc que toute variation de la masse monétaire au cours d'une période donnée entraine proportionnellement la variation du volume de la production nationale des biens et services.

Ce résultat laisse conjecturer d'une part l'invalidation de l'hypothèse de neutralité de la monnaie au sein de l'économie de la RDC et confirme par conséquent que toute modification du volume de la masse monétaire est une fonction positive du volume de la production nationale. En effet, tout le revenu n'est pas toujours dépensé, ce qui limite la demande globale. Il est donc évident que les agents économiques, particulièrement les entreprises en RDC ont accru leur demande afin de limiter les situations de sous-emploi.

L'effet d'encaisse réelle montre clairement au travers de nos résultats que, d'une part, l'accroissement de la quantité de monnaie par les pouvoirs publics pour stimuler l'activité entraine l'augmentation des encaisses réelles des agents ; cela permet aux agents, les ménages en particulier, d'effectuer davantage d'achats. La demande ayant augmenté fortement, et l'offre s'y est adaptée.

Et, d'autre part, les résultats issus de nos différents tests confirment aussi la théorie quantitative de la monnaie fondée sur l'hypothèse selon laquelle les secteurs monétaire et réel évoluent en corrélation permanente, d'où la nécessité d'observer une politique monétaire prudente telle que préconisée par les monétaristes sous le clairvoyant élan de Milton Friedman qui répond à l'obligation de maintien d'équilibre entre ces deux secteurs en vue d'éviter les effets pervers de la monnaie au sein de l'économie.

Sur le plan de l'incidence de la politique monétaire sur les agrégats réels, les faits stylisés d'un choc monétaire ne sont vérifiés que sur le produit. Les effets de la politique monétaire transitent par les taux des banques primaires, impactent le crédit bancaire pour se répercuter sur le crédit. Les effets de la crise financière seraient persistants en cas de choc sur l'inflation et les taux d'intérêt étrangers et transitoires en cas de chocs sur le produit étranger. Sur le plan de la capacité des autorités monétaires à stabiliser le produit à la suite d'un choc externe, le taux directeur et les coefficients de réserves obligatoires n'ont presque pas d'effet sur la production. De même, le caractère transitoire des effets du taux directeur sur le produit pourrait ne pas contrecarrer les effets persistants des chocs externes.

De tout ce qui précède, il apparaît que la pratique de la politique monétaire en RDC est confrontée à de nombreuses difficultés. Ces difficultés tournent essentiellement autour de l'hétérogénéité des comportements et des caractéristiques des secteurs économiques (monétaire et/ou réel) qui évoluent désormais en déconnexion quasi permanente. Cette instabilité qui amplifie la volatilité du produit accroît en définitive la réaction escomptée des taux d'intérêt, principal instrument des autorités monétaires. Par opposition, l'inflation et le crédit connaissent une dynamique particulière : d'une part parce que la première variable est sous l'influence de nombreux facteurs autres que monétaire et, d'autre part parce que le système bancaire est largement dominé par des firmes dont le comportement est dicté de l'extérieur.

D'où la difficulté de l'autorité monétaire à régler finement la conjoncture et, partant, c'est sa capacité à influer sur le bien-être qui est remise en cause. Cette difficulté dénote d'une absence de communication et donc d'application des recommandations théoriques visant à ancrer les anticipations et donc les comportements de demande d'encaisses.

Les résultats de cette étude ne constituent pas une finalité en soi ou voire, ne sont pas exhaustives ; plusieurs autres analyses et conclusions peuvent être tirées en fonction d'objectifs de l'étude. Les prochaines recherches peuvent par exemple s'intéresser à l'étude des canaux de transmission des chocs d'impulsion monétaire vers la sphère réelle de l'économie afin d'en déterminer les effets ; la relation monnaie-balance de paiement, monnaie et mouvements de capitaux internationaux, etc. sans prétendre avoir épuisé ou abordé tous les aspects de cette problématique, la présente étude aura été une brèche possible à tous les lecteurs, de bien vouloir porter des appréciations susceptibles de rendre beaucoup plus complète cette réflexion, dans le but de faire avancer la recherche au profit de toute la communauté scientifique, et de la société tout entière.

Résumé

La neutralité de la monnaie est une hypothèse de prédilection des économistes du courant libéral, selon laquelle la quantité de monnaie existante n'affecte pas l'économie (production, revenu, investissement, épargne, prix relatifs). Cette hypothèse est mise en rude épreuve suite aux pertinentes conclusions de l'analyse de John Maynard Keynes très dominantes après la Deuxième Guerre mondiale, considérant que toute offre ne rencontre pas nécessairement sa propre demande.

À la lumière de ce débat, la présente étude s'est interrogée sur la validité de cette hypothèse théorique en RDC, en partant des conclusions de la nouvelle synthèse néoclassique. Il s'est agi d'analyser le rapport entre les séries annuelles : PIB et de masse monétaire réelle, sur une période s'étalant de 1960 à 2013 en vue d'inspecter les effets des chocs d'impulsion monétaire sur la production en RDC. Cette étude fondée sur l'hypothèse de non-neutralité monétaire de l'inspiration keynésienne, est conduite au moyen du modèle vectoriel autorégressif VAR avec restrictions spécifié dans le cadre de co-intégration et utilisé pour de séries non stationnaires et co-intégrées, appuyées par la technique documentaire.

L'estimation du modèle VAR par la détermination du Lag maximum, illustre que le paramètre associé à la production, décalé d'une période, est statistiquement significatif. C'est-à-dire, en admettant une possibilité de se tromper à 5 %, la production demeure significativement fonction positive de la variation de masse monétaire. Ce résultat confirme donc l'hypothèse de base, et permet d'affirmer que la monnaie n'est pas neutre en RDC de 1960 à 2013.

Mots-clés : Masse monétaire (MM), Neutralité de la monnaie, Produit Intérieur Brut (PIB).

Références bibliographiques

Banque Centrale du Congo, Direction des Études, *Rapport du comité de pilotage de la politique monétaire en RDC*, 2012-2013.

Banque Centrale du Congo, Direction des Études, *Rapport annuel de la BCC*, 1999 et 2011.

Banque Centrale du Congo, Direction des Études, *Loi n°003/2002 du 2 février 2002 relative à l'activité et au contrôle des Établissements de crédit.*

BARRO et al, *Macroéconomie*, Harmattan, Paris, 1998.

FISHER, *Dualisme flux réel et monétaire*, éd. Deboeck, Bruxelles, 1973.

KOENIG G., *Analyse monétaire et financière*, Economica, Paris, 2000.

MALLIK G. et A. CHOWDHURY, *Analyses Macroéconomiques*, éd. Le paquet, Bruxelles, 1999.

KRUGMAN P., et al, *Analyse des relations causales entre Inflation et PIB*, Dunod, Paris, 1997.

PERROUX, *L'Homme, l'Économie et l'État,* Charles Coquelin, Paris, 2007.

BERNANKE et MISHKIN, « *Lier la Politique Monétaire au Chômage* », le cahier économique, Paris 2000, pp. 55-56.

MODIGLIANI F. et PAPADEMOS, "*Targets for Monetary Policy in the Coming Year*", Brookings Papers Economic Activity, Boston, 1975, pp.18-23.

FRIEDMAN M., "*The role of monetary policy*", *American Économic Review*, 1968 traduction française par Jean-marc RUELO, pp.51-55.

P. BERNHOLZ, "*Monetary Regimes and Inflation: History, Economic and Political Relationships*", (Chattenham : Edward Elgar, 2003). Cote 33700 BER, pp.4-6

KRUGMAN P, « *La Mondialisation n'est pas coupable* », La Découverte/Poche, Essais, Paris 2004, p.62.

DYAWEL P, « *Les grandes options d'après crise des années* », PUF, Paris, 1997, p.46.

WAI T., « *Inflation et Croissance économique dans les pays d'Asie d'Est* », in Cahier économique de Tunis, n°5211, publié le 23 mai 1959, pp.1-3.

THIRWALL et BARTON, « *les déterminants de la croissance économique durable* », l'écolier, Saint Louis, 1971, p.59.

KALALA KABUYA et MBIYE TSHIUNZA, « *La politique économique revisitée en RDC : pesanteurs et perspectives* », L'Afrique des Grands Lacs, Kinshasa, 2006, pp.30-32.

MBOSO, « *Introduction à l'économie monétaire et financière* », *Banque centrale du Congo*, Kinshasa, 2011, p.17.

Annexes

Annexe 1 : Présentation des séries annuelles relatives au PIB et MM réels

obs	PIB réel	Masse Monétaire réelle	Log PIB réel	Log Masse Monétaire réelle
1960	541.8000	73219.70	6.294897	11.20122
1961	400.4000	97472.49	5.992464	11.48733
1962	410.4000	47922.60	6.017132	10.77734
1963	420.7000	19013.90	6.041920	9.852925
1964	431.2000	19808.75	6.066572	9.893879
1965	448.9000	22038.13	6.106800	10.00053
1966	460.1000	33082.76	6.131444	10.40677
1967	453.3000	23827.73	6.116554	10.07861
1968	491.3000	21970.10	6.197055	9.997438
1969	536.0000	23481.30	6.284134	10.06396
1970	588.1000	30615.46	6.376897	10.32926
1971	620.8000	33049.50	6.431009	10.40576
1972	624.5000	37451.39	6.436951	10.53080

1973	674.5000	39622.55	6.513972	10.58715
1974	671.2000	36450.81	6.509067	10.50372
1975	618.8000	27958.84	6.427782	10.23849
1976	579.2000	22400.55	6.361648	10.01684
1977	581.6000	20541.22	6.365783	9.930189
1978	550.8000	18679.09	6.311372	9.835160
1979	549.1000	9837.182	6.308281	9.193925
1980	562.3000	9005.330	6.332036	9.105572
1981	578.5000	14060.84	6.360439	9.551149
1982	575.9000	20100.98	6.355934	9.908524
1983	583.8000	14408.98	6.369558	9.575607
1984	616.5000	1614.086	6.424058	7.386524
1985	619.3000	14903.74	6.428590	9.609368
1986	648.6000	17081.09	6.474816	9.745727
1987	666.0000	19127.50	6.501290	9.858882
1988	669.8000	19562.08	6.506979	9.881348
1989	660.7000	19283.03	6.493300	9.866981
1990	617.2000	18787.51	6.425193	9.840948
1991	571.1000	3205.848	6.347564	8.072732

1992	511.2000	5347.669	6.236761	8.584416
1993	442.2000	3696.660	6.091762	8.215185
1994	425.1000	2977.566	6.052324	7.998861
1995	428.0000	2621.019	6.059123	7.871318
1996	423.3000	2090.404	6.048081	7.645113
1997	400.4000	2789.125	5.992464	7.933483
1998	393.4000	3066.892	5.974827	8.028420
1999	376.7000	2418.400	5.931449	7.790861
2000	350.7000	2394.133	5.859931	7.780777
2001	343.3000	3340.450	5.838605	8.113861
2002	355.2000	3686.439	5.872681	8.212416
2003	375.7000	4666.231	5.928791	8.448107
2004	400.7000	7286.736	5.993213	8.893811
2005	432.0000	7448.938	6.068426	8.915827
2006	456.1000	10140.54	6.122712	9.224297
2007	484.7000	13798.05	6.183530	9.532283
2008	514.4000	17004.50	6.243001	9.741233
2009	528.7000	15990.34	6.270421	9.679740
2010	566.6000	19565.87	6.339654	9.881542

2011	605.7000	20253.59	6.406385	9.916087
2012	649.1000	22959.21	6.475587	10.04147
2013	704.3000	43635.14	6.557204	10.68362

Source : condensés statistiques de la banque centre et INS.

Annexe 2 : Test de stationnarité de Dickey Fuller Augmenté (ADF Test)

• **PIB Réel** Null Hypothesis: D(LY) has a unit root				
Exogenous : None				
Lag Length: 1 (Fixed)				
Augmented Dickey-Fuller test statistic			-2.553461	0.0116
Test critical values:	1% level		-2.611094	
	5 % level		-1.947381	
	10 % level		-1.612725	
*MacKinnon (1996) one-sided p-values.				

Source : nos estimations sur base du logiciel Eviews.

• **Masse monétaire** Null Hypothesis: D(LM) has a unit root				
Exogenous : None				
Lag Length: 1 (Fixed)				
			t-Statistic	Prob.*
Augmented Dickey-Fuller test statistic			-6.264421	0.0000
Test critical values:	1% level		-2.611094	
	5 % level		-1.947381	
	10 % level		-1.612725	
*MacKinnon (1996) one-sided p-values.				

Source : nos estimations sur base du logiciel Eviews.

Annexe 3 : Fonctions de réponses de toutes les variables endogènes face aux chocs (cas VAR avec agrégat monétaire)

1. Test de co-intégration

Date : 09/19/14 Time : 05:52				
Sample : 1960 2013				
Included observations : 51				
Séries : LY LM				
Lags interval : 1 to 2				

Selected (0.05 level*) Number of Cointegrating Relations by Model					
Data Trend :	None	None	Linear	Linear	Quadratic
Test Type	No Intercept	Intercept	Intercept	Intercept	Intercept
	No Trend	No Trend	No Trend	Trend	Trend
Trace	1	1	2	0	0
Max-Eig	1	0	0	0	0
*Critical values based on MacKinnon-Haug-Michelis (1999)					
Information Criteria by Rank and Model					
Data Trend :	None	None	Linear	Linear	Quadratic
Rank or	No Intercept	Intercept	Intercept	Intercept	Intercept
No. of CEs	No Trend	No Trend	No Trend	Trend	Trend
	Log Likelihood by Rank (rows) and Model (columns)				
0	58.02974	58.02974	58.65119	58.65119	60.66069
1	65.45209	65.52780	65.70214	66.10787	66.69512
2	65.62408	68.45608	68.45608	69.10439	69.10439
Akaike Information Criteria by Rank (rows) and Model (columns)					

0	-1.961950	-1.961950	-1.907890	-1.907890	-1.908262
1	- 2.096160*	-2.059914	-2.027535	-2.004230	-1.988044
2	-1.946042	-1.978670	-1.978670	-1.925663	-1.925663
	Schwarz Criteria by Rank (rows) and Model (columns)				
0	- 1.658919*	- 1.658919 *	-1.529100	-1.529100	-1.453715
1	-1.641613	-1.567488	-1.497230	-1.436046	-1.381981
2	-1.339979	-1.296849	-1.296849	-1.168084	-1.168084

Source : nos estimations sur base du logiciel Eviews.

Annexe 4 : Fonctions de réponses de toutes les variables endogènes face aux chocs (cas VAR avec PIB réel)

Date : 09/19/14 Time : 05:57			
Sample (adjusted) : 1963 2013			
Included observations : 51 after adjustments			
Trend assumption: No deterministic trend			
Séries : LY LM			
Lags interval (in first differences) : 1 to 2			
Unrestricted Cointegration Rank Test (Trace)			

Hypothesized		Trace	0.05	
No. of CE(s)	Eigenvalue	Statistic	Critical Value	Prob.**
None *	0.252539	15.18868	12.32090	0.0161
At most 1	**0.006722**	**0.343979**	**4.129906**	**0.6202**
Trace test indicates 1 cointegrating eqn(s) at the 0.05 level				
* denotes rejection of the hypothesis at the 0.05 level				
**MacKinnon-Haug-Michelis (1999) p-values				
Unrestricted Co-integration Rank Test (Maximum Eigenvalue)				
Hypothesized		Max-Eigen	0.05	
No. of CE(s)	Eigenvalue	Statistic	Critical Value	Prob.**
None *	0.252539	14.84470	11.22480	0.0111
At most 1	**0.006722**	**0.343979**	**4.129906**	**0.6202**
Max-eigenvalue test indicates 1 cointegrating eqn(s) at the 0.05 level				
* denotes rejection of the hypothesis at the 0.05 level				
**MacKinnon-Haug-Michelis (1999) p-values				
Unrestricted Cointegrating Coefficients (normalized by b'*S11*b=I):				
LY	LM			
-2.016396	1.375224			

0.718087	-0.373598			
Unrestricted Adjustment Coefficients (alpha):				
D(LY)	0.004296	0.003021		
D(LM)	-0.241769	0.009987		
1 Cointegrating Equation(s):		Log likelihood	65.45209	
Normalized cointegrating coefficients (standard error in parentheses)				
LY	LM			
1.000000	-0.682021			
	(0.01376)			
Adjustment coefficients (standard error in parentheses)				
D(LY)	**-0.008663**			
	(0.01117)			
D(LM)	0.487503			
	(0.12885)			

Source : nos estimations sur base du logiciel Eviews.

Annexe 5 : Détermination du décalage optimal pour un modèle VAR

VAR Lag Order Selection Criteria				

Endogenous variables : LY LMM						
Exogenous variables : C						
Date : 06/09/16 Time : 22:41						
Sample : 1960 2013						
Included observations : 49						
Lag	LogL	LR	FPE	AIC	SC	HQ
0	-40.77606	NA	0.019648	1.745961	1.823179	1.775258
1	41.44445	154.3732	0.000807	-1.446712	-1.215061	-1.358824
2	**61.69639**	**36.37082***	**0.000416***	**-2.110057***	**-1.723971***	**-1.963576***
3	64.40917	4.650478	0.000440	-2.057517	-1.516997	-1.852444
4	67.94337	5.770132	0.000450	-2.038505	-1.343551	-1.774840
5	69.78238	2.852346	0.000495	-1.950301	-1.100913	-1.628045
* indicates lag order selected by the criterion						
LR : sequential modified LR test statistic (each test at 5% level)						
FPE: Final prediction error						
AIC: Akaike information criterion						
SC : Schwarz information criterion						
HQ : Hannan-Quinn information criterion						

Source : nos estimations sur base du logiciel Eviews.

Annexe 6 : Estimation du modèle VAR

Vector Autoregression Estimates		
Date : 06/10/16 Time : 05:20		
Sample (adjusted) : 1963 2013		
Included observations : 51 after adjustments		
Standard errors in ( ) & t-statistics in []		
	D(LY)	D(LMM)
D(LY(-1))	0.723000	2.880188
	(0.12351)	(1.62309)
	[5.85357]	[1.77451]
D(LY(-2))	-0.054886	2.314660
	(0.09926)	(1.30443)
	[-0.55293]	[1.77446]
D(LMM(-1))	0.014931	-0.395756
	(0.01053)	(0.13837)
	[1.41803]	[-2.86015]
D(LMM(-2))	0.006835	-0.255235
	(0.01021)	(0.13411)
	[0.66973]	[-1.90323]
C	0.004456	-0.051833
	(0.00568)	(0.07461)
	[0.78489]	[-0.69474]
R-squared	0.530809	0.263656
Adj. R-squared	0.490010	0.199626
Sum sq. resids	0.071986	12.43068
S.E. equation	0.039559	0.519839
F-statistic	13.01027	4.117706
Log likelihood	94.99359	-36.36858

Akaike AIC	-3.529160	1.622297
Schwarz SC	-3.339766	1.811692
Mean dependent	0.010590	-0.001838
S.D. dependent	0.055394	0.581062
Determinant resid covariance (dof adj.)		0.000422
Determinant resid covariance		0.000344
Log likelihood		58.65119
Akaike information criterion		-1.907890
Schwarz criterion		-1.529100

Source : nos estimations sur base du logiciel Eviews.

Annexe 7 : Tests de validation du modèle VAR

I. Stabilité du modèle

Roots of Characteristic Polynomial	
Endogenous variables : D(LY) D(LMM)	
Exogenous variables : C	
Lag specification : 1 2	
Date : 06/12/16 Time : 15:53	
Root	Modulus
0.746539	**0.746539**
-0.205473 - 0.498352i	**0.539049**
-0.205473 + 0.498352i	**0.539049**
-0.008350	**0.008350**
No root lies outside the unit circle.	
VAR satisfies the stability condition.	

Source : nos estimations sur base du logiciel Eviews.

Annexe 8 : Tests sur le résidu

Test d'autocorrélation

VAR Residual Serial Correlation LM Tests		
Null Hypothesis: no serial correlation at lag order h		
Date : 06/12/16 Time : 15:56		
Sample : 1960 2013		
Included observations : 51		
Lags	LM-Stat	Prob
1	4.657836	0.3242
2	2.258908	0.6883
3	2.037421	0.7289
Probs from chi-square with 4 df.		

Source : nos estimations sur base du logiciel Eviews.

Annexe 9 : Test d'hétéroscédasticité du VAR

VAR Residual Heteroskedasticity Tests: No Cross Terms (only levels and squares)					
Date : 06/12/16 Time : 15:58					
Sample : 1960 2013					
Included observations : 51					
Joint test :					
Chi-sq	df	Prob.			
22.94616	24	0.5230			
Individual components:					
Dependent	R-squared	F(8,42)	Prob.	Chi-sq(8)	Prob.
res1*res1	0.170198	1.076810	0.3976	8.680093	0.3700
res2*res2	0.073925	0.419087	0.9030	3.770176	0.8772
res2*res1	0.205767	1.360148	0.2419	10.49410	0.2320

Source : nos estimations sur base du logiciel Eviews.

Annexe 10 : Estimation du VEC pour le modèle D(LY)

Dependent Variable : D(LY)				
Method: Least Squares				
Date : 09/19/14 Time : 06:49				
Sample (adjusted) : 1962 2013				
Included observations : 52 after adjustments				
D(LY) = C(1)*(LY(-1) - 0.684254186*LM(-1)) + C(2)*D(LY(-1)) + C(3)				
*D(LM(-1))				
	Coefficient	Std. Error	t-Statistic	Prob.
C(1)	**-0.030571**	**0.010035**	**-3.046264**	**0.0037**
C(2)	0.416506	0.087784	4.744680	0.0000
C(3)	0.008676	0.010871	0.798133	0.4286

R-squared	0.401388	Mean dependent var	0.010860
Adjusted R-squared	0.376954	S.D. dependent var	0.054883
S.E. of regression	0.043321	Akaike info criterion	-3.384402
Sum squared resid	0.091958	Schwarz criterion	-3.271830
Log likelihood	90.99445	Durbin-Watson stat	1.332109

Source : nos estimations sur base du logiciel Eviews.

Annexe 11 : Estimation du vecteur de co-intégration

Vector Error Correction Estimates		
Date : 09/19/14 Time : 06:45		
Sample (adjusted) : 1962 2013		
Included observations : 52 after adjustments		
Standard errors in ( ) & t-statistics in []		
Cointegrating Eq:	CointEq1	
	(0.01376)	
	[-49.7337]	
Error Correction:	**D(LY)**	D(LM)
CointEq1	**-0.030571**	0.323042
	(0.01004)	(0.11694)
	[-3.04626]	[2.76238]
D(LY(-1))	0.416506	3.012447
	(0.08778)	(1.02294)
	[4.74468]	[2.94488]
D(LM(-1))	0.008676	-0.152457
	(0.01087)	(0.12668)
	[0.79813]	[-1.20349]

R-squared	0.401388	0.281248
Adj. R-squared	0.376954	0.251911
Sum sq. resids	0.091958	12.48720
S.E. equation	0.043321	0.504818
F-statistic	16.42798	9.586870
Log likelihood	90.99445	-36.69477
Akaike AIC	-3.384402	1.526722
Schwarz SC	-3.271830	1.639294
Mean dependent	0.010860	-0.015456
S.D. dependent	0.054883	0.583657
Determinant resid covariance (dof adj.)		0.000458
Determinant resid covariance		0.000407
Log likelihood		55.42126
Akaike information criterion		-1.823895
Schwarz criterion		-1.523703

Source : nos estimations sur base du logiciel Eviews.

Annexe 12 : Fonctions des réponses impulsionnelles

Response of D(LY):

Period	D(LY)	D(LMM)
1	0.039559	0.000000
2	0.028850	0.007758
3	0.020404	0.006090
4	0.015812	0.002140
5	0.011896	0.002500
6	0.008675	0.002195
7	0.006534	0.001241
8	0.004914	0.000995
9	0.003637	0.000830
10	0.002718	0.000564

Response of D(LMM):

Period	D(LY)	D(LMM)
1	0.016652	0.519572
2	0.107347	-0.205624
3	0.127924	-0.028892
4	0.047518	0.099413
5	0.041313	-0.011709
6	0.042385	-0.008585
7	0.025202	0.018494
8	0.018107	0.003528
9	0.015679	-0.000379
10	0.011022	0.003942

Cholesky Ordering: D(LY) D(LMM)

Source : nos estimations sur base du logiciel Eviews.

Annexe 13 : Décomposition de la variance

Variance Decomposition of D(LY):

Period	S.E.	D(LY)	D(LMM)
1	0.039559	100.0000	0.000000
2	0.049572	97.55084	2.449157
3	0.053952	96.65822	3.341780
4	0.056262	96.78228	3.217716
5	0.057560	96.73713	3.262870
6	0.058252	96.67216	3.327840
7	0.058630	96.67015	3.329846
8	0.058844	96.66576	3.334239
9	0.058962	96.65929	3.340708
10	0.059027	96.65755	3.342451

Variance Decomposition of D(LMM):

Period	S.E.	D(LY)	D(LMM)
1	0.519839	0.102618	99.89738
2	0.569242	3.641748	96.35825
3	0.584154	8.253894	91.74611
4	0.594455	8.609288	91.39071
5	0.596004	9.045088	90.95491
6	0.597571	9.500803	90.49920
7	0.598388	9.652252	90.34775
8	0.598672	9.734562	90.26544
9	0.598878	9.796431	90.20357
10	0.598992	9.826551	90.17345

Cholesky Ordering: D(LY) D(LMM)

Source : nos estimations sur base du logiciel Eviews.

L'agriculture togolaise de 1965 à nos jours

AKAKPO Kodjo
Docteur en Sociologie du Développement-Ingénieur d'Agriculture-Spécialiste en Vulgarisation et de Transfert de Technologies : « Sciences des Agro ressources et Génie de l'Environnement » (SAGE) Chef d'Agence à l'Institut de Conseil et d'Appui Technique (ICAT)/ Agou BP : 191 Kpalimé-Togo

Introduction

L'actuelle génération d'agriculteurs togolais a probablement réalisé plus de changement que leurs prédécesseurs qui n'avaient que la logique de semer et planter.

Aujourd'hui, rien ne montre mieux le passage d'une activité jadis repliée sur elle-même (mais présentant certains caractères d'une intense vie sociale), à une agriculture désormais ouverte sur le monde, mais où les conflits d'ordre humain ne sont pas prêts de s'apaiser. Le thème « L'agriculture togolaise de 1965 à nos jours » suscite donc des réflexions à partager ensemble.

C'est à cet effet que nous voudrions mener le thème :

« Les origines de l'agriculture traditionnelle togolaise »

On a pu dire que les origines de l'agriculture sont communes avec celle de l'humanité. Toutefois, aux premiers temps de la préhistoire, on ne pouvait parler de l'agriculture au sens où nous l'entendons aujourd'hui. Nos premiers parents n'ont été en effet que des *« ramasseurs »* qui assuraient leur alimentation avec de jeunes pousses de végétaux, des bourgeons, des larves d'insectes et sans doute d'autres petits animaux. Ce n'est que peu à peu, lorsqu'ils apprirent à fabriquer des armes de plus en plus efficaces qu'ils purent pratiquer réellement la chasse et la pêche. Puis examinant de près la végétation, l'homme apprit à repérer les plantes alimentaires parmi les différentes espèces. Plus tard, il remarquera que les plantes qu'il avait l'habitude de manger provenaient de graines ou de tubercules. Il eut alors l'idée de les récolter et de les mettre en terre en libérant le sol des espèces végétales jugées inutiles parce que ne rentrant pas dans l'alimentation. L'homme devant entretenir ses cultures, il eut l'idée de fabriquer des outils, d'abord simples (pierre taillée), puis des instruments de plus en plus perfectionnés, façonnés avec du bois et des métaux et c'est ainsi que naquit l'agriculture.

L'humanité passant ainsi du stade de la chasse et de la cueillette à celui de la culture, il nous semble capital de réfléchir sur les caractères de ce premier changement. Mais avant cette réflexion, il faut signaler que le milieu sous la dépendance étroite duquel se trouve l'agriculteur varie d'une région à l'autre. Aussi les coutumes, les croyances varient et avec elles les pratiques agricoles selon les pays. La possibilité étant donnée à chaque pays de décider ce qu'il peut faire de son sol, nous pouvons alors examiner les caractéristiques de cette agriculture traditionnelle au Togo.

1. L'agriculture traditionnelle togolaise est avant tout une exploitation familiale

En effet, dans la plupart des cas, la base de la société est la famille groupée sous l'autorité d'un chef. Ces familles se regroupent en communautés qui forment le plus souvent les quartiers et les villages. Selon les coutumes, dans chaque communauté un « *chef de terre* » est chargé de la répartition des terres de l'ensemble de la communauté aux différents membres. Les exploitants n'étaient pas propriétaires de ces terres, ils n'avaient que le droit d'usage. Mais avec l'évolution, les principes sur lesquels était basée, cette organisation est devenue de moins en moins observés, mouvement renforcé plus tard par l'introduction des cultures industrielles sous du régime d'appropriation privée des terres. Ainsi, la génération future aura tort d'être venue tard puisque la terre désormais appartient aux premiers occupants.

2. Dans l'agriculture traditionnelle togolaise, la polyculture domine

L'agriculteur togolais traditionnel cherche avant tout à produire lui-même l'essentiel de ce qui est nécessaire à son alimentation, ou en un mot pratique une agriculture de subsistance qui se joue dans un cercle particulier et vital appelé l'agriculture familiale. L'agriculture familiale est l'une des formes d'agriculture les plus répandues dans le monde, dans les pays en développement comme dans les pays développés. La diversité des contextes nationaux et régionaux, à savoir les conditions agro écologiques, les caractéristiques territoriales, les disponibilités d'infrastructures, l'environnement politique et les conditions démographiques, économiques, sociales et culturelles, influent sur les structures, les activités et les fonctions de l'agriculture familiale, ainsi que sur ses stratégies de subsistance. Pour cela, l'agriculteur cultive en général plusieurs plantes à la fois dans un même champ. Les conséquences néfastes d'une telle pratique sont, bien sûr, la concurrence entre les plantes ainsi cultivées donc la baisse de rendement. Mais l'agriculteur traditionnel, pouvait-il mieux faire ? Ses activités sont limitées dans le temps et dans l'espace par suite de ses moyens. C'est pourquoi il a choisi de faire d'une pierre deux coups. Ainsi, en entretenant son igname, il entretient en même temps son gombo, son piment, son riz, etc.

3. L'agriculture traditionnelle togolaise est extensive et itinérante

Si l'on met à part le cas des cultures pérennes, l'agriculteur traditionnel togolais utilise une parcelle de terre qu'il laisse en culture jusqu'à ce que les récoltes deviennent insuffisantes puis la parcelle est abandonnée ou comme on le dit, laissée en friche ou encore en jachère pour une période plus ou moins longue selon le degré d'épuisement de ce sol. Pendant ce temps, le cultivateur aura défriché successivement d'autres parcelles qui seront également plus tard laissées en jachère du fait qu'il n'y a aucune restitution au sol des éléments fertilisants enlevés par les récoltes. Il s'établit ainsi ce que nous appelons un

« *circuit de cultures ou encore parcours de cultures* » et on dira qu'il s'agit là d'une agriculture itinérante et parler même d'un « *nomadisme de cultures* ».

Cette méthode, en fait, exige que l'on ait à sa disposition de grandes superficies cultivables. Quand bien même ces terres existeraient, un fait est certain : lorsque l'extension de ces cultures vivrières s'avèrera indispensable par la suite de la pression démographique, phénomène auquel s'ajoute celui du développent des cultures pérennes qui exigent la perpétuité des sols, il y aura fatalement rupture de cet équilibre, car on sera contraint de raccourcir la période de repos de ces terres laissées en friche ce qui aura pour conséquence néfaste l'érosion des sols.

Sans doute serait-il aussi exagéré de dire que l'agriculteur traditionnel n'a vaguement pensé à la protection des sols. En effet, la sagesse collective d'antan n'avait-elle pas établi à sa manière des règles minutieuses pour préserver son précieux capital, le sol, terre nourricière dont la fertilité eût été compromise par des cultures trop répétées ? Faute de connaître la pratique des engrais, la démarche de l'agriculteur traditionnel devait d'alléger l'effort demandé à la nature en réglant son repos. Pendant la durée de la jachère, le sol se couvrait évidemment d'herbes sauvages qui pouvaient effectivement contribuer à sa régénération. Un fait exige encore qui pourra nous prouver ce souci constant de l'agriculteur traditionnel togolais. En fait, les méthodes conservatrices pratiquées acculées dans le « *réduit Kabyè* » montrent que l'agriculteur traditionnel togolais n'était guère moins soucieux de ce problème que l'agriculteur moderne. Nous voulons mettre en exergue l'ingénieuse culture en terrasses pratiquée sur les monts Kabyès.

4. L'agriculture traditionnelle togolaise est commandée par les conditions naturelles

En effet, les conditions du milieu naturel sont extrêmement complexes et variables et la science qui l'étudie, l'écologie est basée sur une longue expérience étendue sur de très nombreuses générations d'agriculteurs et elle se poursuit sans cesse. Cette expérience a montré que les conditions climatiques ne sont pas très maniables par l'homme sinon très peu. Celui-ci doit les subir tout en essayant dans une certaine mesure, en tenant compte de toutes les observations faites antérieurement, d'en prévoir les variations.

5. L'agriculture traditionnelle togolaise est alors limitée par la suite de l'utilisation d'un outillage de faible rendement

L'outil le plus employé par l'agriculteur togolais étant la houe ou la daba (dénommée herminette en français) pour les opérations de labour et la hache et surtout la machette (appelé aussi communément le coupe-coupe) pour les travaux de débroussaillement. Quant au matériel de transformation, il est particulièrement rudimentaire et les rendements sont très faibles. Ce matériel est réduit le plus souvent au pilon, mortier, à la moule et au tamis.

6. L'agriculture traditionnelle togolaise, conflit entre le cultivateur et l'éleveur

Le cultivateur qui possède des animaux les considère surtout comme un signe extérieur de fortune qu'il utilise le plus souvent pour le payement de la dot et la distribution de cadeaux précieux, bref chaque fois qu'il est nécessaire de prouver sa richesse. En dehors de cela, il est rare qu'il exploite rationnellement ses animaux pour en tirer profit.

De plus, non seulement l'élevage n'est presque pas associé aux cultures surtout dans la partie sud du pays ; bien au contraire la présence d'animaux, le plus souvent livrés à eux-mêmes, constitue une gêne et même un facteur de destruction pour le cultivateur. Il y a donc conflit entre l'agriculteur et l'éleveur. Pourtant l'agriculteur traditionnel aurait le plus grand intérêt à associer à ses cultures un élevage rationnel qui lui permettrait d'obtenir des ressources supplémentaires et même de disposer d'une force motrice importante pour l'exécution de ses travaux champêtres, il s'agit de la culture attelée, et partant de là obtenir une amélioration sensible de la fertilité de ses sols par l'utilisation du fumier.

Le conflit entre cultivateur et éleveur doit disparaître pour faire place à l'association culture et élevage ou comme on l'appelle le *« mixed farming »* compte tenu des nombreux avantages évoqués plus haut.

7. Le changement climatique

Ainsi, nous venons de passer en revue les caractéristiques principales de l'agriculture traditionnelle togolaise. Il nous appartient alors, techniciens de l'agriculture togolaise de voir quelles améliorations devons-nous y apporter ?

Et bien ! Pour ce qui est milieu naturel, nous savons les problèmes sont nombreux et très complexes. L'homme devant la nature est presque impuissant. Tenez, la pluie est-elle tombée trop abondamment sur un semis de maïs, les mauvaises herbes poussent vigoureusement et étouffent la plante cultivée ? La pluie est-elle tombée insuffisamment sur le maïs qui pousse mal, s'étiole et ne produit rien ? Tels sont les questionnements que la plupart du paysan pose.

Chers producteurs, qui de vous se lèvera pour battre sa coulpe et va jurer de ne jamais plus recommencer ? Qu'il ait plu abondamment, que la sécheresse ait été longue, que le temps ait été beau ou mauvais, qui en est responsable ? Ce n'est ni vous ou nous.

C'est pourquoi nous devons protéger les forêts qui jouent un rôle très important dans les climats locaux en favorisant, par suite de l'évaporation intense qui se dégage des masses végétales. On devra donc éviter les déboisements excessifs qui modifient localement le climat en agissant sur la régularité des pluies. C'est ce que nous désignons de nos jours le changement climatique perturbant ainsi le calendrier cultural. Il s'agit aussi non pas d'agir sur le climat, mais, d'une part de s'y adapter en choisissant des variétés cultivées et les méthodes culturales et d'autre part chaque fois que cela est possible d'atténuer ses effets défavorables.

8. Le régime foncier statut foncier et mode de faire-valoir (les modes d'acquisition des terres)

En ce qui concerne le régime foncier, il y a lieu d'instituer une législation foncière qui petit à petit transformera les mentalités et que celle-ci soit acceptée par tous sans contestation. En effet, le problème de terre se pose avec une acuité sans précédent. Attardons-nous un peu sur le régime foncier sous lequel évolue la filière café et cacao dans certaines localités du pays à titre d'exemple pour se rende compte de l'évidence des faits.

La terre constitue le principal facteur pour la production agricole. Son niveau de disponibilité influe sur le développement de l'agriculture.

Par le biais de la monétisation du milieu socio-économique, la terre a perdu son caractère inaliénable pour devenir un objet marchand. C'est ainsi que dans le terroir de Fiwokpo et de Kouma dans la préfecture de Kloto au Togo où l'économie de plantation n'est pas du reste, l'héritage n'est plus le seul mode d'acquisition des terres. La terre s'acquiert aussi par contrat (de métayage ou de plantation) : « dibi-ma-dibi » (DMB) (terme ghanéen de l'ethnie ashanti signifiant « tu manges un peu, je mange un peu ») avec partage de terre.

- *L'héritage* : la dévolution successorale y est patrilinéaire. Ce sont les enfants (sans distinction de sexe) du *de cujus*, qui recueillent la succession de ce dernier. En effet, aussitôt après la mort du chef de ménage ou d'exploitation, les plantations de celui-ci font l'objet d'un partage entre ses ayants droit. On parle de partage de plantation, mais il s'agit bien entendu d'un véritable partage de terre, car les parcelles échues à chaque héritier deviennent propriété de ce dernier.

Il faut également souligner que les filles ont toutes le droit sur leurs parcelles de plantation hormis celles cédées à leurs enfants. Ceci pour éviter la mutation du patrimoine foncier dans une autre famille.

Quant à l'appropriation des terres indivises (forêts, savanes), elle obéit à la règle : « à chacun selon sa force de travail ». Ainsi chaque héritier, pour tirer son épingle du jeu, fait appel au « dibi-ma-dibi » avec partage de terre. Ce procédé ne s'opère pas sans heurts entre les autochtones eux-mêmes, car chacun dans sa course effrénée pour avoir plus de métayers use de tous les moyens possibles au détriment des autres : détournement des métayers (le premier propriétaire terrien à avoir proposé une parcelle à un métayer se trouve privé de ce dernier du fait de la manigance d'un autre propriétaire, qui traite finalement avec le métayer en question). Au niveau de notre échantillon, 31 chefs d'exploitation soit 26 % ont acquis leurs parcelles par voie d'héritage (cf. tableau 1).

Si les producteurs n'ont plus de terre, il leur serait difficile d'agrandir leur parcelle. En réalité, les enfants héritent des plantations à la mort de leurs parents, mais pas la forêt non exploitée. Ce sont ceux qui sont entreprenants qui, dès les premières années du décès du parent, agrandissent les plantations obtenues par héritage, transformant une partie de la forêt encore disponible. Celui qui, parmi les enfants, se réveille tard ne trouve plus de place pour en faire autant que les devanciers.

-*Le » dibi-ma-dibi* » (DMB) avec partage de terre : apparu avec l'économie de plantation, le » dibi-ma-dibi » est un contrat de plantation qui répond à un double besoin.

D'abord celui du propriétaire foncier d'étendre son exploitation dans de nouvelles conditions économiques et juridiques de la plantation agricole. Ensuite, celui de l'exploitant qui cherche de plus en plus à posséder sa propre plantation afin d'obtenir des revenus substantiels tout en gagnant plus d'indépendance. En effet, ce contrat permet à l'exploitant non plus d'être un simple métayer, mais plutôt d'accéder à la propriété foncière de la moitié de la plantation qu'il a créée.

-*Achat de terre* : certains chefs d'exploitation surtout les allochtones acquièrent de la terre par achat. Selon les informations recueillies à ce propos, le prix de vente d'un hectare de terre varie d'un lieu à un autre (pour des raisons de fertilité, de proximité d'accès...) et d'une période à l'autre (moment d'abondance et de soudure, problème...). Et c'est essentiellement en période de soudure que les terres se vendent le plus. Le prix d'un hectare varie entre 150 000 francs et 250 000 francs CFA suivant le moment et l'endroit où se trouve la parcelle. La délimitation des parcelles vendues se fait soit avec des plantes à croissance rapide soit avec des obstacles naturels (montagnes, collines, cours d'eau).

- *Donation* : les premiers allochtones en ont bénéficié dans les territoires de Dovota et Blifou dans la montagne de Kouma et à Gbalavé dans le canton de Fiwokpo dans le Kloto. Mais à l'heure actuelle, cette pratique n'existe plus compte tenu de la pression démographique accentuée par les enfants déscolarisés qui retournent à la terre. La terre devient de plus en plus rare, obligeant les producteurs à aller de plus en plus loin de leur résidence en moyenne 5 à 6 km pour trouver d'espace exploitable.

- *Le prêt de terre* : c'est un acte essentiellement gratuit. Mais dans presque tous les cas, l'emprunteur s'impose lui-même un geste de reconnaissance en faisant bénéficier le prêteur d'une redevance non fixée par avance.

Les modes de faire valoir

On observe sur les terroirs de Fiwokpo et de Kouma deux modes de faire valoir :- le faire-valoir direct et – le faire-valoir indirect.

Le faire-valoir direct : où le chef d'exploitation (propriétaire terrien), exploite ses terres avec les membres de la famille. Très souvent ceci concerne les exploitations de petite taille où l'exploitant dispose d'une main d'œuvre familiale importante. Cependant, l'exploitant peut avoir recours à la main d'œuvre salariée ou aux travaux d'entraide organisés entre les producteurs.

Le faire-valoir indirect : où le propriétaire terrien confie la mise en valeur d'une ou des portions de ses terres à une tierce personne appelée alors métayer. Cette pratique se retrouve chez les propriétaires ayant une main d'œuvre familiale insuffisante et disposant d'importantes superficies de terres mises en valeur.

En général, trois types de contrats d'exploitation existent dans la zone café-cacao (Didi-ma-dibi, Abusa et **N'koto-kuanou**).

1- Association des cultures

Quant à l'association des cultures pratiquées en agriculture traditionnelle, nous pouvons dire que certaines pratiques restent valables surtout lorsqu'il s'agit des cultures vivrières. Mais pour les cultures de rentes, au contraire, il faut préférer la culture pure ou alors pratiquer des cultures vivrières intercalaires lorsque les plantations des plantes pérennes sont encore jeunes : cas de café, cacao, palmier à l'huile, le manguier, les citrus, etc.

9. L'amélioration de l'outillage

En ce qui concerne l'amélioration de l'outillage, il est certain que l'adoption du matériel attelé permet d'améliorer les conditions d'exécution des travaux. Mais cette pratique demande, d'une part l'existence des animaux donc l'association de la culture et de l'élevage et d'autre part la formation des sociétés coopératives. Aussi avant d'être adapté et vulgarisé, chaque type d'engins tels que la canne planteuse, les motoculteurs, et d'autres engins moins éreintants, devra faire l'objet d'une rigoureuse expérimentation pour juger si son action sur le sol est vraiment efficace et s'il ne risque pas d'avoir des conséquences désastreuses en particulier celles de l'érosion.

Pour la transformation des produits où beaucoup reste à faire, avant de déboucher aux problèmes d'industrialisation, on peut faire une importante économie de travail par la création et la multiplication des installations artisanales. La plupart de ces installations sont d'un meilleur rendement par rapport au matériel traditionnel. Par la suite elles peuvent même être conçues sous forme de véritables installations industrielles comme nombre des matériels innovés actuellement par *« la forge sans frontière, Des machines pour nourrir les hommes »*

10. Pouvoir d'achat des agriculteurs togolais (cas des producteurs de café et cacao)

Le pouvoir d’achat du Togolais reste très limité. À cet effet, nous prenons appui dans le cas des filières café et cacao pour illustrer la situation du pouvoir d’achat du paysan.

Le pouvoir d'achat exprime la quantité de marchandises que permet d'acheter une somme de monnaie ou un revenu, étant donné un certain prix à l'unité de marchandise (MALASSIS et *al*, 1992). Le pouvoir d'achat est donc directement et principalement conditionné par le niveau de revenu.

La situation financière des producteurs de café et de cacao est loin d'être améliorée. Durant le monopole de l'État, les producteurs sans véritables moyens de défense assistèrent à la baisse régulière de leurs revenus. Le prix d'achat de café et de cacao était très faible et ne constituait pas un instrument adéquat pour relever le niveau de vie des producteurs.

Avant de déterminer le revenu des planteurs, il faut estimer toute une série de coûts notamment : les coûts de création, d'exploitation des cultures, d’étude comparative de techniques culturales d'un hectare de cacao avec ou sans taille et d’étude comparative de fermentation et séchage mal faits et bien fait d'un hectare de cacao. Tout ceci constitue la valeur des biens et des services utilisés pour mettre en place et entretenir une plantation de cette culture.

Tableau I : Création d'un ha de café et de cacao avant la libéralisation

Café			***Cacao***		
Opérations	***Nbre jours***	***Montant***	***Opérations***	***Nbre jours***	***Montant***
Désherbage	*20*	*14 000*	*Désherbage*	*20*	*14 000*
Egourmandage	*5*	*3 500*	*Egourmandage*	*4*	*2 800*
Engrais	-	*19 000*	*Lutte mirides*	-	*12 000*
Transport épandage	*5*	*3 500*	*Récolte et écabossage*	*40*	*28 000*
Récolte	*21*	*14 700*	*Transport hors champ*	*10*	*7 000*

Transport hors champ	*10*	*7 000*	*Fermentation*	*2*	*1 400*
Séchage	*6*	*4 200*	*Séchage*	*10*	*7 000*
Triage	*10*	*7 000*	*Triage*	-	
Décorticage	-	*15 919*	*Décorticage*	-	
Total	***77***	***88 819***	***Total***	***86***	***72 200***

Source : Ministère du développement rural (1988) et AMADOU (1997). Les données sont complétées et actualisées par les informations recueillies sur le terrain

Tableau II : Création d'un ha de café et de cacao après la libéralisation

Café			**Cacao**		
Opérations	**Nbre jours**	**Montant**	**Opérations**	**Nbre jours**	**Montant**
Achat de plants	-	140 000	Achat de plants	-	140 000
Coupe piquet	12	12 000	Coupe piquet	45	45 000
Piquetage	15	15 000	Piquetage	12	12 000
Trouaison	25	25 000	Trouaison	15	15 000
Transport	15	15 000	Transport	25	25 000
Mise en terre	12	12 000	Mise en terre	15	15 000

Coupe crochet	13	13 000	Plant manquant	12	12 000
Plant manquant	4	4 000	Egourmandag e	4	4 000
Egourmandage	14	14 000		8	8 000
Engrais	x	60 000		x	x
Transport épandage	9	9 000		x	x
Total	**164**	**364 000**		**136**	**276 000**
Amortissement		12 133			9 200

Source *: Ministère du développement rural (1988) et AMADOU (1997). Les données sont complétées et actualisées par les informations recueillies sur le terrain*

Les coûts d'exploitation sont l'ensemble des charges supportées pendant une année par le producteur pour conduire la plantation.

Tableau III : Coût d'exploitation d'un ha de café et de cacao après la libéralisation

Café			**Cacao**		
Opérations	**Nombre jour**	**Montant**	**Opérations**	**Nombre jour**	**Montant**
Désherbage	20	20 000	Désherbage	20	20 000
Egourmandage	5	5 000	Egourmandage	4	4 000
Transport épandage	5	5 000	Récolte et écabossage	29	29 000
Récolte	21	21 000	Transport hors champ	6	6 000

Transport hors champ	8	8 000	Fermentation	2	2 000
Séchage	5	5 000	Séchage	6	6 000
Triage	8	8 000		-	
Décorticage	-	20 545		-	
Total	**72**	**87 545**	**Total**	**67**	**67 000**

Source : *Ministère du développement rural (1988) et AMADOU (1997). Les données sont complétées et actualisées par les informations recueillies sur le terrain*

Dans les calculs, nous supposons que les travaux sont exécutés par la main d'œuvre salariée sur les terres appartenant aux propriétaires. Les plantations sont amorties pendant 30 ans.

Le coût de revient et la marge brute par kg de produit marchand sont calculés à partir du prix d'achat des produits et du rendement des cultures obtenus et d'autres frais.

À cela, la dévaluation du FCFA en 1994 est venue accentuer les difficultés financières des producteurs, car les prix des produits manufacturés sont passés du simple au double alors que les revenus n'ont pas tellement évolué.

Il ressort de cette étude un certain nombre d'enseignements qu'il convient de souligner. On notera que le prix d'achat du café et du cacao est très faible. Nous avons démontré cela à travers beaucoup de tableaux de l'étude.

Et aussi, le rendement du café et du cacao est très bas suite au mauvais entretien des plantations et au manque de crédit pour payer les intrants. Les prix de référence communiqués par le Comité de Coordination pour les Filières Café et Cacao (CCFCC) ne sont pas respectés sur le terrain. Le Taux National de Production (TNP) est négatif : le secteur agricole n'est pas assez protégé. Les regroupements des producteurs sont confrontés à d'énormes difficultés ; ainsi leur part de collecte ne représente que 10 % de la production nationale (rapport Unité Technique Café - Cacao (UTCC), 2008). Les revenus tirés de la vente du café et du cacao sont trop faibles et donc ne permettent pas aux planteurs d'acheter beaucoup de marchandises pour satisfaire à leurs besoins vitaux.

Il en résulte un pouvoir d'achat très faible des agricultures togolais. Le problème réel est que ni le producteur ni l'État ne fixent eux-mêmes le prix de vente des produits en prenant compte du coût de production. Tout se rapporte dans cet encadré :

Encadré n°1

Le système de STABEX (Stabilisation des Exportations) permet de garantir le prix de vente des produits agricoles ou les matières premières. Mais aujourd'hui, il est remplacé par le système de libéralisation du commerce inventé par les pays du Nord qui fait qu'en Afrique, le producteur ou l'État ne fixe pas le prix de cession de ses produits, il le subit. De là, on peut dire que les deux systèmes ne sont pas au profit des Africains et a posteriori ne permettent pas de participer à améliorer le niveau de vie des producteurs d'une manière générale.

En d'autres termes, le STABEX est un instrument financier permettant de compenser les pertes de recettes d'exportations et sur cette base d'investir dans l'amélioration des filières d'exportation. Ce système a été proposé par l'UE dès la 1re Convention de Lomé (en 1975), mettant à disposition des pays dits ACP (Afrique Caraïbe Pacifique), des moyens importants pour financer leurs secteurs agricoles. Le système permet d'atténuer les déficits liés aux recettes d'exportations de produits agricoles. Les modalités d'utilisation des ressources depuis 1990, font l'objet d'un accord avec le Gouvernement ACP appelé Cadre d'obligations mutuelles. Au Togo, si une grande partie de la coopération internationale a été suspendue entre 1990 et 2005, le programme STABEX ne s'est jamais vraiment complètement arrêté. Les résultats atteints ont été nombreux. Dans les années 1990-2000, le STABEX a travaillé sur les filières café-cacao, coton, huile végétale, mais aussi dans le domaine de protection de l'environnement, la réalisation de pistes rurales, etc.

Alors, le programme STABEX a permis des avancées significatives. Alors le STABEX ce n'est donc pas un mauvais système en soi en se référant aux commentaires ci-dessus.

12. Évolution dans la pratique de l'agriculture traditionnelle au Togo : *les contraintes à l'amélioration de la productivité agricole dans les pays en développement - Les projets de développement et la vulgarisation agricole*

En fait, de nos jours, doit-on parler strictement de l'agriculture traditionnelle au Togo ? Puisque d'une agriculture traditionnelle de subsistance, on tend vers une agriculture traditionnelle individuelle ou coopérative bien encadrée.

En effet, nous le savons tous, que toute agriculture qui se veut meilleure ne peut progresser sans recherche fondamentale et appliquée. C'est pourquoi dans un premier temps, des conventions ont été signées entre le Togo et les pays étrangers pour le financement et la réalisation de programmes de recherches précises en se référant à l'Institut togolais de recherche agronomique (ITRA).

Parallèlement à cela, des tentatives d'organisation ont été faites également en vue du développement et de l'amélioration de l'agriculture togolaise, secteur clé de l'économie nationale. L'importance de l'agriculture dans le développement d'un pays est confirmée pour le Togo dans le rapport de la Banque Mondiale sur la pauvreté au Togo. Ce rapport souligne qu'on distingue « deux sous-secteurs au sein de l'agriculture togolaise, dont l'un correspond à la production alimentaire et l'autre aux exportations agricoles et qui représentent respectivement 70 % et 10 % du PIB agricole, les 20 % restants correspondent à l'élevage, la sylviculture et la pêche ». Ce rapport note par ailleurs que l'agriculture est le pilier de l'économie togolaise : « elle contribue pour plus d'un tiers au PIB, emploie plus de 70 % de la population active et assure environ un tiers de l'ensemble des exploitations ».

L'agriculture fournit des ressources aux secteurs de l'économie et procure des devises à l'État. Le surplus dégagé par l'agriculture finance le budget de l'État. Elle joue donc un rôle très important dans le développement. Cependant, elle est confrontée à des problèmes ou contraintes qui freinent son évolution dans nos pays. Des réformes institutionnelles sont mises en place pour corriger les navigations à vue.

* Dans le cadre de la restructuration institutionnelle, de nombreuses réformes ont été entreprises. Nous ne pouvons ici être exhaustifs sur cette question, mais à titre de repère et en considérant l'année 1965 comme « année tremplin » on peut prendre l'exemple des Sociétés Régionales d'Aménagement et de Développement (SORAD) comme les organismes agricoles transitoires entre ceux d'avant et d'après l'indépendance politique du Togo. Nous pouvons dire qu'à l'origine des actions à mener par les SORAD, se situaient la Société Indigène de Prévoyance (SIP), la Société Publique d'Actions Rurales (SPAR), (*L'année 1959, marque la fin de la vision colonialiste de l'agriculture, et constitue en même temps le début d'une nouvelle politique agricole, celle des nouvelles autorités du Togo indépendant. Ainsi, les Sociétés indigènes de prévoyances (SIP), structure d'encadrement du monde*

paysan à l'époque coloniale, furent supprimées et remplacées par les Sociétés publiques d'actions rurales (SPAR), appelées désormais à encadrer les paysans selon le bon vouloir des nouveaux maîtres du pays. Ceci en vertu de la loi n°59-45 du 5 juin 1959), qui avaient pour programme essentiel le forage des puits, la construction des barrages et le développement de quelques cultures industrielles. Par suite, il apparut indispensable d'assurer un développement global des régions en poussant plus loin les interventions de façon à toucher tous les aspects économiques et sociaux des problèmes qui se posent et ce fut alors la création des SORAD.

Au départ, elles s'étaient aussi intéressées à des actions d'intervention, aux problèmes d'aménagement et d'infrastructure. Ensuite, elles visèrent l'augmentation générale de la production par l'amélioration de la productivité des différentes cultures à savoir le mil, le sorgho, le maïs, en particulier le riz et l'arachide puis par la suite le coton en vue d'assurer l'équilibre vivrier d'une part et de dégager des surplus commercialisables d'autres part.

Pour que cette opération soit efficace, les SORAD devaient préparer les paysans à la réceptivité aux thèmes de vulgarisation, les organiser dans des actions en commun. À cet effet, trois étapes ont jalonné cette entreprise des SORAD.

- Dans un premier temps, elles ont cherché à dégager des objectifs prioritaires et à créer une structure informelle en associant les paysans au soin des groupements de base. Parallèlement à cela il s'est agi d'introduire la culture attelée dans les zones où les paysans paraissaient réceptifs à celle-ci.

- Dans un deuxième temps, les SORAD ont mis au point des techniques en introduisant des méthodes qui partaient sur la formation de l'encadrement et la formation des groupements.

- Dans un troisième temps, elles ont organisé les régions en mettant en place des structures de conception, d'impulsion et d'exécution, structures constituées par les divisions des SORAD, puis des structures opérationnelles : secteur au niveau des préfectures, sous-secteur au niveau des cantons et des zones au niveau des villages. S'il faut se référer aux statuts des SORAD qui faisaient mention d'animation rurale, de formation des cadres, des travaux de mise en valeur, d'organisation de la coopération, du crédit agricole, de la collecte et de la commercialisation des produits et au document du premier plan quinquennal où on lit : *« Il faut informer, éduquer, animer, structurer les masses rurales »*. On peut en déduire que les SORAD ont rempli l'essentiel de la première tâche qui leur était assignée mis à part l'encadrement des paysans qui n'a pas débouché sur des groupements coopératifs. Cependant, l'insuffisance de la connaissance des différentes composantes du monde rural a fait que les SORAD ont failli à leur mission qui était avant tout de produire.

En effet, de 1965 en 1977 soit plus de 10 ans d'existence, le pays a souffert réellement de pénurie alimentaire, situation évoquée au cours d'un séminaire national pour la production agricole, tenu à Lomé le 7 mars 1977. On a constaté, après bilan que malgré ces efforts des SORAD, les résultats enregistrés ont été peu satisfaisants dans le domaine de la production agricole. En fait, la pénurie des denrées alimentaires sur les marchés locaux, la hausse des prix de ces denrées et le nombre pléthorique des maladies dans certains hôpitaux et surtout des enfants victimes de l'insuffisance alimentaire et de la malnutrition donne raison à cette assertion.

Les causes de l'échec des SORAD

- *premièrement,* cette insuffisance de la production vivrière est due tout simplement à la négligence de ces produits. En effet, au cours des deux premiers plans quinquennaux aucune attention n'avait été portée sur le développement des cultures vivrières ;

- *deuxièmement* les financements extérieurs ou nationaux, étaient conditionnés et orientés vers des spéculations spécifiques, notamment des cultures de rentes. L'agriculture était extravertie, c'est-à-dire tournée vers l'extérieur, orientée dans la seule production des cultures de rente ;

- *troisièmement* la trop grande multiplicité des tâches des Sociétés régionales d'Aménagement et de Développement (SODAD) a été à l'origine de la création des sociétés verticales ayant pour objectif de s'occuper uniquement de projets agricoles précis.

12.1-Les projets/ Sociétés au soutien des SORAD

Les projets et sociétés de production avaient pour objectifs d'assurer un encadrement spécifique ou ponctuel à une production en y intervenant d'une façon verticale. Ils se sont succédé et ont muté en fonction des nouvelles donnes. En réalité disait T. OBENGA : « *Rien ne naît brusquement dans l'histoire sociale et culturelle des hommes. De longues périodes préparatoires sont toujours nécessaires* ». (A. KABOU, 1991)

Dans le domaine de la production végétale les cas tels que la Société Nationale de développement des Palmeraies et des Huileries (SONAPH) qui n'existe plus actuellement, la Société togolaise de Coton (SOTOCO) créée le 27 mars 1974 avec un statut de société d'État devenue la Nouvelle Société Cotonnière du Togo (NSCT), la Société Nationale pour la Rénovation et le développement de la Caféière et de la Cacaoyère togolaise (SRCC) remplacée en 1992 par la Société d'Aménagement des filières Café et Cacao (SAFICC) et en 2008 par l'Unité technique de Café et de Cacao (UTCC), l'Office national de promotion et développement des cultures fruitières (TOGOFRUIT). L'Office national des produits vivriers (TOGOGRAIN) a lui, été créé pour s'occuper de la réglementation des produits céréaliers du pays. Plus tard on a constaté les insuffisances de l'office qui se résumait en ces termes : « *L'étude de la dimension des zones de production, la limite des moyens de l'office, la concurrence des commerçants (les spéculations) n'ont pas permis à TOGOGRAIN depuis sa création en 1971 jusqu'à ce jour, de jouer pleinement son rôle qui lui a été assigné...* ». (MDR : 1982, TOGOGRAIN : un rôle majeur).

À cet effet après avoir liquidé TOGOGRAIN en 1997, une autre structure fut créée pour prendre le relais. L'Observatoire de la Sécurité Alimentaire (OSAT). Créée au sein du département chargé de l'agriculture par Décret n° 97/PR du 20/08/97 qui a pris l'actif et le passif de son prédécesseur a eu une mission plus recentrée et plus structurée grâce aux leçons tirées de l'échec de TOGOGRAIN. Ces leçons n'ont toutefois pas servi, car en 2008, l'OSAT va aussi faillir à sa mission et elle fut remplacée par l'ANSAT. Elle aussi hérita tout de son prédécesseur et se disait avoir une mission plus recentrée. Cependant, le problème subsiste.

Donc, sa mission ne lui est plus étrangère, il s'agissait de la régularisation des prix des denrées alimentaires de base, et de l'assurance de l'autosuffisance alimentaire. OSAT est devenu de nos jours, Agence Nationale de la Sécurité Alimentaire au Togo (ANSAT).

Les Zones d'aménagement agricole planifiées (ZAAP) sont en cours de réhabilitation pour permettre aux paysans la maîtrise de l'eau et produire toute l'année. Mille hectares de terres sont mobilisés à raison de 200 hectares par région pour répondre à cet impératif.

* Dans le cadre de la production animale, le Togo n'avait pas tellement opté pour la production de produits carnés à hauteur de couvrir le besoin de la population. L'accent était plutôt mis sur les projets qui s'occupaient de la préparation des sols pour leur ensemencement tels que l'Unité de Production de Matériels Agricoles (UPROMA)… mais n'ont pas résolu les longs et éreintants travaux de préparation des sols qu'enduraient les paysans. Les coûts d'accession de ces outils étaient trop élevés pour la bourse du paysan, même moyen. Ces outils étaient proposés par la Société Togolaise d'Exploitation de Matériels Agricoles (SOTEXMA).

* Dans la gestion proprement dite des sols, il est créé en 1984 la Société de Gestion du Matériel Agricole (GEMAG), dirigée par un Européen, qui allait prendre les charges d'entretien de ce parc devenu boiteux depuis 1978, mais le nombre de matériels ne cessa de chuter au jour le jour, pour cause d'une mauvaise gestion et de pannes répétées. Le premier projet, l'Unité de production des matériels agricoles (UPROMA), installé à Kara, devait s'occuper de la fabrication des matériels nécessaires à l'attelage. Le second, le Projet pour la promotion de la

traction animale (PROPTA), se chargeait de vulgariser les matériels produits dans les milieux paysans. Cet organisme coordonnait aussi toutes les actions liées à cette pratique et des programmes connexes. Grâce aux actions conjuguées de ces deux organismes, la traction animale va connaître un essor spectaculaire que A. Schwartz résume en ces termes : *« Le nombre des attelages connaîtra une progression spectaculaire : de moins de 1 000 en 1980, il passa à 6 000 en 1985 et à près de 9 000 en 1987 (dont 85 %, il est vrai, pour la seule région des savanes) ». (A. Schwartz, 1989 : 100).*

La concentration de la grande partie de l'attelage dans l'extrême nord du pays n'est pas un fait surprenant, car cette pratique y avait déjà une véritable assise depuis l'époque coloniale, à cause de l'élevage des bovins qui y prospère. Le Programme d'Appui aux Secteurs Agricoles (PASA) volet production animale et halieutique est venu combler le vide laissé par ces différents projets à terme.

Systèmes de vulgarisation au Togo

De nos jours, l'environnement de la gestion agricole se modernise à travers des programmes. Et successivement et collectivement, le système de vulgarisation et d'appui-conseil est géré et coordonné par une quantité de programmes.

C'est donc dans cette optique qu'a été organisé du 16 au 20 septembre 1985 à Tové, un séminaire-atelier en vue de définir une nouvelle politique dont le but fut de « préserver et de consolider les acquis » de la révolution verte (*pour accélérer les opérations agricoles, pour sensibiliser davantage la population, il est décrété l'année 1977 comme la « Révolution verte » et le 1er juin de chaque année, toute la population est conviée à prendre l'engagement solennel de planter chacun un arbre pour que le programme de reboisement soit un succès. Le but assigné à la révolution verte est entre autres, « permettre à chaque Togolais en tout temps et en tout lieu, de manger à sa faim en quantité et en qualité »*). À l'issu de ce séminaire, les responsables politiques togolais lancèrent la Nouvelle Stratégie du Développement rural (NSDR) dont l'objectif principal consistait à corriger les anciennes stratégies d'encadrement rural, qui avaient trop porté sur les actions de production et qui de ce fait, ont relégué au second rang le rôle de l'homme, opérateur économique par excellence qu'est le paysan, considéré comme ***objet*** et non ***sujet*** de développement. De cette option découlera la philosophie de la nouvelle conception du développement rural qui s'attache à conférer à l'homme, toute la dimension qu'il mérite dans le scénario économique. Cet homme doit être pris dans sa globalité avec ses aspirations, ses conceptions et ses croyances ; il ***est l'instrument et le bénéficiaire du développement***. Ainsi conçue, la NSDR place ***l'homme au centre de toutes les préoccupations et actions***. La production pour autant qu'elle demeure importante, voire capitale, n'est désormais envisagée que par rapport à l'homme. ***Car celui-ci y intervient d'amont en aval***.

Avec la NSDR, on mit en place le Système Togolais d'Encadrement Rural (STER) qui voulait *« **Conférer à l'homme toute la dimension qu'il mérite dans le scénario économique** » **(A. Schwartz, 1989 : 102).***

Dans le STER, l'encadreur de base était le maillon le plus important de la chaîne. Il est l'élément qui est en contact direct et permanent avec les populations qu'il est chargé de sensibiliser, d'animer, de former, d'informer et de transmettre, par des techniques appropriées de vulgarisation, les méthodes culturales modernes.

Ainsi, le rapport annuel du Ministère du Développement rural (MDR) de l'année 1981 concluait-il en ces termes : *« Nous avons l'impression que pour 80 % de nos encadreurs, tout est à refaire, depuis l'alphabétisation fonctionnelle jusqu'aux techniques agricoles en passant par des tests d'éveil de bons sens, la plupart des encadreurs n'inspiraient aucune confiance ».* (Ministère du développement rural : 1986).

Par la suite viennent, à partir de 1997, d'autres restructurations dans le cadre d'amélioration des services agricoles. Le Projet National d'Appui au Secteur Agricole (PNASA) structuré en quatre services avec la nouvelle dénomination du Ministère du Développement Rural (MDR) en ministère de l'Agriculture, de l'Élevage et de la Pêche (MAEP). Le Ministère de l'Agriculture de l'Élevage et de la Pêche est le ministère en charge des activités de la production agricole, de la pêche et l'aquaculture, du maraichage, de l'élevage, de l'aménagement et des infrastructures rurales. Les quatre services en charge du MAEP sont respectivement (I) Secrétariat général (SG) avec son démembrement la Direction Régionale de l'Agriculture de l'Élevage et de la Pêche (DRAEP) et la Direction Préfectorale de l'agriculture de l'Élevage et de la Pêche (DPAEP). (II) L'Institut de Conseil et d'Appui Technique (ICAT) créé en juillet 1997 a pour mission la mise en œuvre du programme de PNIASA en promouvant une agriculture professionnelle par la vulgarisation des techniques agricoles améliorées, promouvant des organisations professionnelles économiques agricoles (OPEA) et en œuvrant à la promotion sociale et économique de la population. (III) L'Institut Togolais de la Recherche Agronomique (ITRA) s'occupe de la recherche agronomique avec aussi des démembrements en fonction des zones écologiques du milieu où elle est installée. C'est ainsi qu'on retrouve le Centre de Recherche Agronomique zone Littorale (CRA-L) basée à Davié, le Centre de Recherche Agronomique zone de Forêt à Tové/ Kpalime, (CRA-F), le Centre de Recherche Agronomique zone Savane Humide (CRA-SH) à Kolocope, le Centre de Recherche Agronomique zone Savane Sèche (CRA-SS) à Dapaong.

Le quatrième service du MAEP est la Chambre d'Agriculture (IV) représentée dans les chefs-lieux des régions administratives du pays et qui fonctionne timidement.

En 2010 est né le Programme National d'Investissement Agricole et de Sécurité Alimentaire (PNIASA). Le MAEP garde la restructuration du PNASA et crée un cadre unique de réflexion des activités agricoles du PNIASA avec ses 3 composantes qui sont le Programme d'Appui aux Secteurs Agricoles (PASA), West African Agriculture Producty Program (Programme de Productivité Agricole en Afrique de l'Ouest (PPAAO) et le Programme National d'Appui aux Services Agricoles (PNASA).

L'Institut de Conseil et d'Appui Technique (ICAT) est le service technique de l'État jouant le rôle régalien de la vulgarisation sur l'ensemble du territoire national. En raison de cette place stratégique qu'occupe l'ICAT, il travaille en étroite collaboration avec d'autres acteurs tels que les projets/programmes mis en œuvres et pilotés par lui :

- le Programme d'Appui au Développement Agricole au Togo (PADAT),

- le Projet d'Aménagement et de Réhabilitation des Terres Agricoles de la Vallée de Zio (PARTAM),

- le Projet de Base Vallée du Fleuve de Mono (PBVM),

- le Projet de Développement pour la Production Rizicole de la Kara (Convention ICAT/PDPR-K) (PDRI-MÖ),

- le Projet de Développement Rural Intégré de la Plaine de Mô,

- le Projet de la gestion intégrée de la fertilité des sols (IFDC/ GIFS) Deutsche Gesellschaft für Internationale Zusammenarbeit (GIZ) GmbH/Farmer Business School (GIZ/FBS),

- le Bureau National des Chambres Régionales d'Agriculture(BNCRA),

- l'Institut Togolais de la Recherche Agronomique (ITRA),

- la Nouvelle Société Cotonnière du Togo (NSCT),

- l'Organisation des Nations Unies pour l'Alimentation et l'Agriculture (FAO),

- le Programme de Soutien aux Activités Économiques des Groupements (PNAEG/DR),

- le Projet de Développement Communautaire/ Banque Mondiale (PDC),

- l'Association pour le Développement de la Riziculture en Afrique de l'Ouest (ADRAO),

- la Fédération des Unions des Groupements Producteurs de Café et de Cacao (FUPROCAT),

- la Fédération Nationale des Groupements Producteurs de Coton (FNGPC),

- le Mouvement Alliance des Producteurs du Togo (MAPTO),

- le Centre International pour la Fertilité des Sols et le Développement Agricole (IFDC),

- la Coordination Togolaise des Organisations Paysannes (CTOP),

- l'Institut Africain pour le Développement Économique et Social- Formation (INADES-FORMATION),

- Vétérinaires Sans Frontière (VSF-CICDA),

- Population Services International (PSI),

- la Faîtière des Unions de Coopératives, d'Épargne et de Crédit (FUCEC),

- l'Unité Technique de Café et Cacao (UTCC) qui est intégrée directement à l'ICAT et fonctionne comme un de ses démembrements au niveau régional (Plateaux-Ouest).

Tous ces projets et programmes spécialisés autonomes concourent à l'amélioration de la prestation des services nécessaires de la production agricole, mais il existe des failles dans ce maillage et, à titre d'exemple, les chambres d'Agriculture n'ont pas bien fonctionné jusqu'à ce jour. De même, l'ICAT manque assez de moyens logistiques pour mener à bien sa mission et c'est ce qu'un spécialiste en vulgarisation agricole confirme par :

> *« La restructuration qui donna lieu à la création de l'ICAT et de l'ITRA et même du Ministère de l'Agriculture de l'élevage et de la pêche (MAEP) est aussi motivée par le souci de l'État de mettre fin à un déséquilibre d'accompagnement des agents encadrement. En effet, poursuit-il, les encadreurs des filières verticales (SOTOCO, SRCC...) étaient bien équipés et dotés de moyens de déplacement adéquats, alors que ceux de la DRDR étaient dépourvus de moyens nécessaires pour assurer leur fonction, cependant que leurs salaires étaient aussi maigres. L'ICAT et l'ITRA, qui devaient être des sociétés mixtes et autonomes financièrement dont les personnels seraient des contractuels ne le sont toujours pas. Et ils continuent à être à la charge totale de l'État ».*
> *Et à titre d'exemple, voyons ce que dit l'encadré :*

Encadré n°2

M. Kodjo n'a dit haut que ce que tout le monde pense et dit tout bas. En principe, tout laisse à penser que les analyses en fonction des affectations des moyens logistiques se règlent selon un système d'affinité au niveau des instances supérieures. Or, ceux qui sont sur le terrain au niveau de la préfecture ne bénéficient pas en réalité des moyens appropriés à la hauteur du service demandé.

Comment couvrir toute une préfecture avec un moyen de déplacement à deux roues avec à sa charge la formation et le transfert de technologie en ce début de XXIe siècle ? Le travail a toujours été mené depuis la nuit des temps en fonction des moyens mis à la disposition de l'homme. À titre d'exemple, toujours dans le domaine de l'agriculture, un travail de labour d'un ha s'exécute avec 16 hommes-jours mais avec un tracteur, cela se réalise en 2 heures-jour.

Donc cela veut dire qu'il faut donner les réels « input » aux techniciens de terrain pour que les pauvres paysans puissent être bénéficiaires d'une réelle sensibilisation, de formation et puissent recevoir un appui technique dans le cadre d'un transfert de technologie sinon au bout d'une décennie encore, des faiblesses qu'on aurait pu éviter persisteront.

Dans le cadre de la commercialisation des produits agricoles, les pouvoirs publics ont institué la Société Nationale du Commerce (SONACOM), était une Société mixte qui s'occupait de la commercialisation de tous les produits au Togo et qui a été remplacée par l'Office des Produits Agricoles du Togo (l'OPAT) qui fut à son tour liquidé en 1992. Le marché de la commercialisation des produits agricoles est spécialisé de nos jours et est occupé par des sociétés professionnelles.

* Autre service de la MAEP et non des moindres : la Direction des Statistiques Agricoles, de l'Informatique et de la Documentation (DSID) est l'une des anciennes Directions du Département.

En effet, en 1972, il a été créé la Structure en charge des statistiques agricoles sous la dénomination de « Direction des Enquêtes et Statistiques Agricoles (DESA)" ; puis le 23 juillet 1997, dans le cadre de la restructuration du Département par décret n°97-108/PR (PNASA), les attributions de la DESA ont été élargies à d'autres domaines de compétence tels que l'Informatique et la Documentation. Elle a comme attributions, la collecte et la production des données statistiques fiables sur le secteur primaire (Agriculture, Élevage, Pêche, etc.).

Cette attribution se traduit chaque année par l'évaluation de la situation agricole et alimentaire du pays afin d'informer à temps les autorités sur les dispositions à prendre en cas de surplus ou de déficit alimentaire enregistrés ; la coordination de toutes les activités informatiques du Département ; la prise en charge de toutes les activités relatives à la Documentation, à l'Information et aux archives agricoles.

12.2- La nécessité pour le Togo de changer de stratégie en matière d'alimentation

En 1974, lors de la conférence mondiale de l'alimentation (organisée par la FAO suite à une crise alimentaire mondiale), les États membres (y compris le Togo) avaient élaboré un objectif à suivre, et qui voulait : « *l'élimination en une décennie, de la faim, de l'insécurité alimentaire et de la malnutrition* ». Vingt ans plus tard en 1994, l'objectif fixé ne fut pas atteint et près de 800 millions de personnes dans les pays en développement, dont 192 millions d'enfants de moins de 5 ans (atteints de carence protéino-énergétique aiguë ou chronique) souffrent de sous-alimentation chronique. Parmi ces pays au nombre de 88 dont 44 sont en Afrique, on a le Togo. Ils sont caractérisés par un faible revenu et un déficit vivrier important. Le Togo ne fait donc pas exception à ce diagnostic et ce, sur tous les plans. Les problèmes ayant causé cet état de choses sont divers. Ils sont d'ordre socio-économique (avec une baisse d'investissement après la rupture du financement extérieur), institutionnel, technique et environnemental. Avec tous ces constats de situation alimentaire, le Togo se trouve dans la catégorie des pays en développement qui, malgré les efforts de renforcement des politiques et d'adhésion à la révolution verte, souffrent de la baisse de leur disponibilité alimentaire, de faible croissance économique, de cadre économique général défavorable à l'investissement dans le secteur agricole, de ressources naturelles et de déperdition, et enfin de baisse de revenu par habitant. C'est une situation rendue grave par une population en nette croissance avec un taux moyen annuel d'environ 3 % (*MDR, 1996, Stratégie nationale de la sécurité alimentaire*) entre 1989 et 1993.

Vu la gravité de l'insécurité alimentaire, mise en relief par l'évaluation de la situation alimentaire, l'offensive contre l'insécurité alimentaire était devenue la priorité des pouvoirs publics. Et pour y aboutir, il fallait mettre en place une politique ou une stratégie d'accompagnement. C'est ce qui amena les dirigeants togolais à l'adoption en 1994, d'une stratégie de sécurité alimentaire. Son élaboration devait permettre au pays de susciter les engagements très concrets des décideurs au niveau national ; de déterminer et d'adapter les approches de sécurité alimentaire en fonction des contraintes et difficultés du pays ; de créer un cadre d'orientation pour le partenariat en sécurité alimentaire ; d'intégrer l'adoption de politiques et de mesures concertées au niveau national, régional puis mondial. Cette politique privilégiait beaucoup le libéralisme économique et donnait au marché un rôle de premier ordre. Car celui-ci était habileté à répondre aux multiples besoins des populations sans toutefois que le pays se lance dans des investissements très coûteux de production d'un produit qu'on pouvait facilement acquérir ailleurs, grâce aux échanges commerciaux.

Conclusion

Avant l'arrivée des Européens sur les côtes africaines, les populations locales vivaient harmonieusement et jouissaient d'une certaine indépendance. Leur principale activité qu'est l'agriculture leur assurait avant tout une nourriture suffisante. Cependant, la manière dont la colonisation exploita les ressources agricoles des colonies a eu une grande influence sur le développement de l'agriculture. C'est ce que J.M.ALBERTINI (rapporter par A. KABOU) tente d'expliquer en ces termes :

> « *L'ensemble des pays en voie de développement subit les effets de domination et de déstructuration qui empêchent leurs économies, de profiter pleinement de la croissance mondiale. Bien plus, lorsqu'ils ne parviennent pas à renverser les rapports de force économique par de nouveaux rapports de force politique, ils doivent céder aux pays développés une partie des résultats de leur croissance* ».

Et K. N'KRUMAH conforte en expliquant que :

« *Nous avons les ressources. Oui, mais si c'est d'abord le colonisateur qui nous a empêchés d'accumuler les capitaux nécessaires au développement, c'est nous-mêmes qui n'avons pas réussi à utiliser à fond notre pouvoir depuis que nous sommes indépendants pour mobiliser nos ressources afin de faire effectivement démarrer notre développement économique et social* ».

La situation de l'alimentation des populations n'était pas à l'ordre du jour lors de la colonisation, ce qui mit en danger le niveau de vie des populations africaines colonisées en général et en particulier celui des Togolais. La population togolaise pratiquait une agriculture de subsistance. La production était donc autoconsommée. Toutefois, il arrivait à certains moments qu'elle dégage des surplus qu'elle s'échangea ? À l'indépendance, et ce, jusqu'à la veille de la planification, les nouveaux dirigeants du pays ont voulu donner à la production agricole, une direction différente de celle que lui donna le colon. Celle-ci devait aller dans le sens de la production plus accrue des produits vivriers tout en n'abandonnant pas les cultures de rente, génératrices de revenus. Ainsi de nombreux programmes furent définis au service du développement agricole notamment dans le domaine de l'organisation et l'encadrement du monde paysan. Le cultivateur devait passer de la houe ou de la daba à la machine ou du moins à la traction. Seule condition à même de garantir une production pouvant suivre les besoins d'une population en nette croissance depuis l'indépendance.

Au contraire, la production est allée dans le sens des cultures de rente à l'instar du coton, du café et du cacao et palmier à huile, ce qui ne devrait pas étonner quand on analyse comment l'État a organisé sa production. Ses producteurs étaient encadrés et bénéficiaient de crédit en nature ou en espèces qui entraînaient ces spéculations. Tout a été fait pour que ces produits suscitent un bouleversement de l'ordre habituel dans les exportations agricoles togolaises. Hélas, ceci met aussi en lumière les discordances qui règnent dans l'application des programmes de développement agricole au Togo.

La production agricole a été soumise à de nombreux risques depuis des décennies tant à cause des politiques agricoles branlantes que des troubles, cependant, elle poursuit son lent parcours de redressement.

Résumé

L'agriculture togolaise traverse le temps et s'affirme à travers tout un ensemble de dispositifs d'encadrement qui ne cesse de s'adapter plus ou moins aux nouvelles donnes. L'agriculture togolaise est en ce jour en pleine mutation et ceci grâce à l'effort de tous les partenaires nationaux et internationaux. Les programmes et les projets sont mis en place dans la gestion des différentes filières coordonnées par le Ministère de l'Agriculture de l'Élevage et la Pêche (MAEP) qui est la nouvelle appellation du Ministère du Développement Rural (MDR) depuis l'indépendance du pays en 1960. L'agriculture traditionnelle togolaise n'est plus à qualifier de subsistance et d'extravertie, mais elle s'oriente vers une agriculture de « sécurité alimentaire » et de source de revenus aux producteurs.

Mots clés : Agriculture traditionnelle, production, programmes, projets, développement.

Sammary

The togolese traditionnal farming's improvement is going through time and it is establishing itself across an entire mechanism of training and supervision which does not stop adapting itself to new situations. These days, the togolese agriculture is in full transformation, thanks to the efforts of both the local and the international partners. Programs and plans are put in place in the management of different networks of the Ministery of Agriculture, Reasing and fishing (MARF) which is the new name for the Ministery of the Rural Development, since the breaking of wich the colonial era.

The togolese traditionnal farming can no longer be qualified an being subsistence and of utmost poverty, but as of taking more and more a pace towords an agriculture of food security.

Bibliographie

AKAKPO K., (2014), thèse : Stratégies paysannes dans la gestion des filières café et cacao, cas des terroirs de Kouma et de Fiwokpo dans la préfecture de Kloto-Togo, p.345

Ministère du Développement rural (1988) et AMADOU (1997)

La loi n°59-45 du 5 juin 1959

MDR, (1982), TOGOGRAIN : un rôle majeur, document de 5 pages non paginées

SOTOCO, (2007), a été créée le 27 mars 1974 avec un statut de société d'État, 10 pages

OSAT, fut créée au sein du département chargé de l'agriculture par Décret n° 97/PR du 20/08/97

Ministère du Développement rural (1986), Nouvelle Stratégie de Développement Rural, document 3 : encadrement et formation

MDR, (1996), Stratégie nationale de la sécurité alimentaire,

Unité Technique de Café et Cacao (UTCC), (2008)

Axelle KOBOU (1991), *Et si l'Afrique refusait le développement ?* Éditions Le Harmattan, 207p

L'impact de la dette extérieure sur la croissance économique en République démocratique du Congo (RDC)

Par Masika Kighana Espérance
Assistante à l'Université Catholique du Graben (UCG) / Butembo

1. Introduction

Le problème de la dette extérieure et des besoins en ressources en Afrique est directement lié à l'accumulation de capital et à la croissance économique. Ainsi, depuis la crise financière des années 1980 dans les pays en développement, les prêteurs étrangers ont transféré chaque année des milliards de dollars à des pays déficitaires afin d'accroître leur richesse nationale. Les déficits budgétaires insoutenables ont été caractérisés par une crise financière dans la plupart des pays d'Afrique subsaharienne des décennies après leur indépendance. Toutefois, le déficit de la balance des paiements dans ces pays était considéré comme une situation économique normale. Pour stimuler la croissance économique et attirer les investisseurs étrangers, les pays déficitaires ont été encouragés à emprunter à l'extérieur. Mais peu d'efforts ont été fournis pour la gestion des fonds empruntés.

En raison de la pénurie de capitaux, on s'attend généralement à ce que la plupart des pays en développement augmentent probablement l'épargne intérieure en obtenant une dette extérieure. Mais pour améliorer la croissance économique, il faut savoir si les fonds d'emprunt financent la production ou la consommation.

Selon Atingi (2013), bien que des progrès aient été réalisés en matière d'atténuation de la pauvreté et de réalisation des Objectifs du millénaire pour le développement (OMD), la République Démocratique du Congo (RDC) connaît des résultats économiques médiocres. Une bonne gestion des politiques macroéconomiques et des réformes structurelles a conduit la RDC à recevoir un allégement de la dette dans le cadre du projet avancé en faveur des pays pauvres très endettés (PPTE) en 2010. La RDC a réduit le fardeau de sa dette extérieure d'environ 136 pour cent du PIB en 2009 à environ 35 pour cent à la fin de 2010. Cet allègement de la dette n'a pas eu une des implications notables sur le vécu de la population. On souligne que près de 70 pour cent de la population reste dans les conditions de précarité.

Le financement des projets dans les domaines de l'éducation, de la santé, etc. a été réalisé à l'aide des économies réalisées grâce à l'annulation de la dette. Cela a et a contribué à réduire le pourcentage des intérêts payés sur la dette. On souligne qu'avant l'introduction du service de la dette, c'était une tâche difficile à accomplir. En outre, il y a eu beaucoup de controverses sur la façon de gérer l'excédent étant donné l'inexistence du plan de remboursement de la dette envers le FMI en 2011. Le service de crédit a été réduit à 1 milliard de dollars par la Banque africaine de développement (BAD). Vu que le pays a toujours dépendu de l'aide extérieure pour financer plusieurs projets et qu'il n'est pas toujours en mesure de s'acquitter de ses obligations, il existe un risque d'endettement supplémentaire (Perspectives économiques en Afrique, 2012).

Selon Boyce (2012), l'économie de la RDC a été caractérisée par des faits anormaux tels que le manque de gouvernance compétente, la corruption, la guerre, l'instabilité politique et économique pour n'en citer que quelques-uns. La RDC connait aussi le paradoxe de l'abondance, c'est-à-dire un pays qui a beaucoup de ressources potentielles, mais dont la majorité de la population (80 %) survit avec un revenu d'environ 0,20 $ US par jour.

La montée des dettes économiques et les relations de notation de la dette entre les créanciers ont été le résultat final des divers prêts dans le pays et affectant la croissance économique et le développement de la RDC. Une solution cruciale à cela est de reconstruire la confiance qui a été perdue entre les emprunteurs et les prêteurs. C'est une approche importante même si elle peut coûter du temps et généralement un processus lent.

2. Revue de la littérature

La nature de la relation entre la dette extérieure et la croissance économique a été une question théorique et empirique. Théoriquement, il existe deux écoles de pensée. La première école a conclu que la dette extérieure a un impact positif sur la croissance économique. Ce point de vue montre que la dette extérieure est un complément à l'épargne intérieure, ce qui aide les pays en développement à investir davantage que leurs économies. Par conséquent, il y a une augmentation de l'investissement, ce qui signifie augmentation de la croissance économique, Elmendorf (1999).

La deuxième école de pensée soutient que la dette extérieure a un impact négatif sur la croissance économique. Cela s'explique par la compression des importations, l'éviction de l'effet de la dette, l'effet direct de la dette, etc. Les enquêtes empiriques sont différentes selon la méthodologie de l'étude, la période d'enquête et la zone géographique. La plupart des enquêtes ont démontré que la dette extérieure a un impact négatif sur la croissance économique, Fosu (1996).

Nguyen et al. (2003) a expliqué qu'il existe une relation non linéaire entre la dette extérieure et la croissance économique. Cela résulte de l'analyse de l'impact de la dette extérieure sur la croissance économique de 55 pays à faible revenu d'Afrique en utilisant les données de panel de 1970 à 1999 et la méthode ARDL. Muhanji et Ojah (2011) ont relevé les causes principales de l'absence d'impact significatif de la dette extérieure sur la croissance économique de l'Afrique notamment : l'échec de la détermination des niveaux appropriés de dette extérieure durable, la mauvaise gouvernance actuelle et la gestion infructueuse des chocs extérieurs. Boboye et Ojo (2012) ont étudié l'effet de la dette extérieure sur la croissance économique au Nigeria. L'étude a appliqué les données secondaires des réserves externes, le taux d'intérêt, le revenu national et le paiement de la dette. En adoptant l'analyse de la régression des MCO, l'étude a constaté qu'il y a un effet négatif de la dette extérieure sur le revenu de la nation ainsi que sur le revenu par habitant de la population nigériane.

Legesse (2012) a étudié l'impact de la dette extérieure sur la croissance économique en Éthiopie. En utilisant les données de la série chronologique de 1983 à 2013 et en adoptant l'approche de la vraisemblance maximale de Johansson avec le modèle de correction vectorielle pour l'enquête sur les relations à court terme, l'étude a souligné que le stock de la dette extérieure passée et le service de la dette sont négativement liés à la croissance économique.

Ejigayehu (2013) a étudié l'impact de la dette extérieure sur la croissance économique dans 8 pays les plus pauvres d'Afrique. L'enquête a porté sur la période de 1991 à 2010. L'enquête a permis de mettre en évidence l'importance statistique positive de l'impact de la dette extérieure sur la croissance économique sans tenir compte de l'effet d'éviction de la dette.

Mohd (2013) a examiné l'incidence de la dette extérieure sur la croissance économique de la Malaisie. L'étude a adopté les séries chronologiques données de 1991 à 2009. L'étude a indiqué qu'en Malaisie, la dette extérieure est positivement liée à la croissance économique.

Korsi (2015) a étudié l'effet de la dette extérieure sur la croissance économique en Afrique subsaharienne. L'étude a utilisé l'échantillon de 39 pays d'Afrique subsaharienne de 1990 à 2013 et la Méthode de Moments Généralisés pour l'examen des estimations robustes. Après avoir vérifié tous les biais qui pourraient être caractérisés par les données du panel, le résultat a prouvé que la dette extérieure affecte négativement la croissance économique dans les pays d'Afrique subsaharienne. En outre, la relation entre la dette extérieure et la croissance économique dans cette région n'est pas influencée par la classification du niveau de revenu par habitant.

Nwannebuike et al (2016) ont étudié l'impact de la dette extérieure sur la croissance économique au Nigeria. L'étude a analysé les séries chronologiques de 1980 à 2013. Les différentes variables utilisées dans cette analyse sont : le stock de la dette extérieure, le paiement du service de la dette extérieure ainsi que le taux de change. En mettant en valeur le carré ordinaire, le résultat a montré que la dette extérieure a une relation positive avec la dette extérieure à court terme.

La présente analyse traite de l'impact de la dette extérieure sur la croissance économique en RDC. Cette étude adopte la méthode ARDL dans son analyse.

3. Méthodologie

3.1 Spécification du modèle

Les variables incluses dans le modèle sont basées sur la littérature théorique et empirique.

$$RGDP_t = f\left(ED_t, DESV_t, ER_t, FDI_t, FINDEV_t, GOVSPEND_t, POL2_t, Ca\right. \quad (1)$$

Avec $RGDP$ représente la croissance économique, ED représente la dette extérieure, $DESV$ représente le service de la dette, ER représente le taux de change, FDI

représente l'investissement direct étranger, *FINDEV* représente le développement financier, *GOVSPEND* représente les dépenses du gouvernement, *Cap* représente le capital et *POL2* représente la démocratie, t implique la variante du temps des variables.

La forme estimable sous forme logarithmique est donnée comme suit :

λ_0 est le terme constant, ε_t est le terme d'erreur. (Où i =0, 1,2,...7) sont les coefficients de la variable indépendante, et ln représentent l'opérateur logarithmique naturel. Toutes les autres variables sont définies précédemment.

3.2 Source des données

Cette enquête empirique utilise des données secondaires de 1972 à 2012. Les variables sont tirées de l'Indicateur mondial de développement de la Banque mondiale (WDI) 2015. Les différentes variables de cette étude sont : le produit intérieur brut (PIB) réel par habitant, la dette extérieure, le service de la dette et le taux de change pour les francs congolais et le dollar américain, la formation brute de capital fixe, le développement financier, les dépenses publiques. Les données de Polity 2 sont estimées à partir du projet Polity IV (Marshall et Jaggers, 2015).

4. Résultats et discussions

4.1 Résultats du test de stationnarité

Le modèle de régression classique suppose que les variables dépendantes comme indépendantes sont stationnaires. Cependant, cette condition ne tient pas pour la plupart des données de séries chronologiques. Il y a toujours le problème de la non-stationnarité. Une régression faite avec des séries non stationnaires peut ne pas avoir de sens, car elle est fausse. Dans la présente étude, le test de racine unitaire du FAD a été appliqué. Les résultats détaillés du test de racine unitaire sont indiqués dans le tableau 1.

Tableau 1 : Résultat de la racine unitaire

Table1 : Racine Unitaire

VARIABLES	NIVEAU		PREMIER NIVEAU	
	CONSTANT	CONSTANT ET TREND	CONSTANT	CONSTANT ET TREND
	-1.417805	-1.871764	-3.547569**	-3.515198*
$\ln ED$	-4.179146***	-0.597891	-	-5.446677***
$\ln DSEV$	-2.634840	-2.589679	-8.035041***	-7.929633***
$\ln ER$	-0.731823	-2.206725	-3.113743**	-3.052344
$\ln Cap$	-3.839066***	-3.964535**	-	-
$\ln FINDEV$	-4.860616***	-6.176401***	-	-

ln*GOVSPEND*	-4.051119***	-6.594927***	-	-
POL2	-0.316921	-2.307319	-6.085092***	-6.039482***

Note : ***, ** et * représentent une signification à un niveau de signification statistique de 1 %, 5 % et 10 % respectivement.

Source : Construction de l'auteur (2016).

Le résultat du tableau 1 montre que le modèle est un mélange de variables d'ordre I (0) et I (1). Par conséquent, la méthode d'estimation appropriée dans ce cas est ARDL.

4.2 Résultats de la co-intégration

L'étude conduit l'approche des limites en utilisant la méthode ARDL afin de tester l'existence d'un équilibre à long terme parmi les variables incluses dans le modèle. Ce résultat est résumé dans le Tableau 2. Le critère d'information de Schwarz (SIC) est utilisé dans cette étude pour le modèle ARDL (1, 0, 3, 2, 0, 3, 0, 2) sélectionné.

Tableau 2 Résultats du test B lié

Test statistic	5 % Upper Bound Value	5 % Lower Bound Value
10.53889 **	3.50	2.32

Note : ** représentent une signification à un niveau de signification statistique de 5 %.

Source : Construction de l'auteur (2016)

La statistique F d'approximativement 10,53889 qui est supérieure à la valeur critique des limites supérieures (3,5) à un niveau significatif de 5 %, il y a donc un équilibre à long terme et l'hypothèse nulle de co-intégration est rejetée à un niveau d'erreur de 5 % .

4.3 Résultats de long terme

Tableau 4.3 Résultats à long terme

Regressor	Coefficient	Standard Error	T-Statistic
Constant	-1.001828	2.494513	-0.401613
$\ln ED$	-0.112510***	0.032132	-3.501448
$\ln DSEV$	0.060084***	0.017038	3.526504

ln *ER*	-0.036357***	0.003851	-9.440636
ln *FINDEV*	-0.014161	0.020727	-0.683175
ln *GOVSPEND*	1.639184***	0.548808	2.986810
ln *Cap*	-0.113355**	0.040109	-2.826171
POL2	0.013839	0.008335	1.660216

Note : *** et ** représentent respectivement 1 % et 5 % du niveau significatif

Source : Author's construction (2016)

Selon l'impact de la dette extérieure sur la croissance économique en RDC, le résultat démontre qu'il existe une relation négative entre la dette extérieure et la croissance économique. Le coefficient de la dette extérieure dans le modèle d'étude devrait être positif ou négatif, donc en RDC la dette extérieure a un impact négatif sur la croissance économique. L'impact négatif est dû à la non-utilisation de la dette extérieure dans les activités économiques ainsi qu'à l'absence de gestion appropriée de la dette extérieure. Ce résultat s'appuie sur d'autres études antérieures telles que Korsi (2015), Fekadu (2014) et Ojo et Boboye (2012). Cependant, différentes études parmi eux : Nwannebuike et al. (2016), Nurazira et Halim (2013) et Ejigayehu (2013) ont démontré que la dette extérieure a un impact positif sur la croissance économique dans différents pays en développement.

Toutefois, le résultat souligne l'impact positif du service de la dette sur la croissance économique. Le coefficient de service de la dette devrait avoir un signe négatif ou positif. Dans le cas de cette enquête, le service de la dette a un impact positif sur la croissance économique puisque le service de la dette attire les investisseurs pour fournir des prêts à la RDC et crée une bonne atmosphère d'affaires entre la RDC et les prêteurs. Dans le long terme, le service de la dette améliore la croissance économique, car il aide la RDC à éviter des frais supplémentaires sur la dette extérieure. Cette étude a un point de vue différent avec l'étude précédemment menée de Nwannebuike et al (2016).

En fait, le résultat à long terme montre que le taux de change a un impact négatif sur la croissance économique en RDC. Le coefficient de change devrait avoir un signe positif ou négatif. La dépréciation de cette monnaie nationale a rendu la dette extérieure coûteuse puisque le dollar américain a été apprécié au cours de cette période. Cette constatation est en contradiction avec le résultat de Nwannebuike et al (2016) qui a démontré que le taux de change a un impact positif sur la croissance économique au Nigeria.

Le capital a été jugé avoir un impact négatif sur la croissance économique en RDC. De plus, le résultat montre qu'il n'y a pas d'impact négatif significatif du développement financier sur la croissance économique.

À long terme, le coefficient des dépenses publiques montre un impact positif sur la croissance économique en RDC. En outre, ce résultat implique que les dépenses publiques constituent un déterminant important de la croissance économique à un niveau significatif de 1 %. On s'attend à ce que le coefficient de dépenses du gouvernement soit positif ou négatif ; Le résultat à long terme démontre que le coefficient de dépense du gouvernement a un signe positif. Cette constatation confirme la découverte d'Alshahrani et Alsadiq (2014).

4.4 Résultats de court terme

Le modèle d'étude comprend l'analyse dynamique à court terme parmi les variables. Le terme de correction d'erreur (ecm) est utilisé pour mesurer l'ajustement de la vitesse d'équilibre à long terme qui représente la réponse endogène d'un choc dans les variables indépendantes. C'est ce que montre le tableau 4.

Tableau 4 : Résultats de court terme

Regressor	Coefficient	Standard Error	T-Statistic
$\Delta \ln ED$	-0.045895***	0.014317	-3.205730
$\Delta \ln DSEV$	0.004435	0.006104	0.726494
$\Delta \ln DSEV_{-1}$	-0.009248	0.005513	-1.677412
$\Delta \ln DSEV_{-2}$	-0.017146***	0.005363	-3.196973
$\Delta \ln ER$	-0.022926***	0.004931	-4.649170
$\Delta \ln ER_{-1}$	-0.012460**	0.005179	-2.405554
$\Delta \ln FINDEV$	-0.005776	0.008474	-0.681664
$\Delta \ln GOVSPEND$	-0.223769	0.133114	-1.681040
$\Delta \ln GOVSPEND_{-1}$	-0.259062***	0.083752	-3.093221
$\Delta \ln GOVSPEND_{-2}$	-0.331325***	0.081707	-4.055060
$\Delta POL2$	-0.002378	0.003334	-0.713387
$\Delta POL2_{-1}$	-0.014757***	0.003240	-4.555173
$\Delta \ln Cap$	-0.046240***	0.013565	-3.408676
$ecm(-1)$	-0.407921***	0.069401	-5.877776

Note: *** et ** représentent respectivement 1 % et 5 % du niveau significatif

Par conséquent, le coefficient négatif et significatif montre la stabilité du modèle à un niveau significatif de

1%. Le coefficient ECM prouve que la dette extérieure, le service de la dette extérieure, le taux de change, le développement financier, les investissements directs étrangers, les dépenses publiques et la démocratie convergent vers l'équilibre à long terme après la crise, à court terme. Il y a une vitesse de 40 % à l'équilibre à long terme après un choc survenu à court terme. Ceci est expliqué par la présence du choc à court terme après un an.

Le résultat à court terme montre que la dette extérieure a un impact négatif sur la croissance économique. Par conséquent, le résultat à court terme est cohérent avec le résultat à long terme. Toutefois, l'impact négatif à long terme sur la croissance économique de la RDC est plus important que l'impact à court terme sur la croissance économique en RDC. Par conséquent, ce résultat est en contradiction avec les travaux antérieurs qui ont montré que l'impact négatif de la dette extérieure est moins à long terme qu'à court terme.

Le tableau 4 indique également que le service de la dette est négativement lié à la croissance économique à court terme. Cependant, ce résultat n'est pas statistiquement significatif. De plus, le résultat du tableau 4.4 montre que le délai de remboursement de la dette, lag un et deux, a un impact négatif sur la croissance économique à court terme. En augmentant le service de la dette de 1 à 2 %, il y aura une diminution respectivement de 0,009248 % et ; 0,017146 pour cent à 1 pour cent de niveau significatif de la croissance économique. Cependant, le retard de paiement n'est pas statistiquement significatif.

Le tableau 4 indique également que le taux de change a un impact négatif significatif sur la croissance économique. Par conséquent, le taux de change a un impact négatif sur la croissance économique à court terme comme à long terme.

En outre, le capital est négativement lié à la croissance économique à un niveau significatif d'un pour cent.

Les dépenses publiques ont un impact positif sur la croissance économique. Cependant, ce résultat n'est pas statistiquement significatif. Les dépenses gouvernementales sont statistiquement significatives au décalage un et deux. Le tableau 4 démontre de surcroit que l'augmentation des dépenses publiques d'un à deux pour cent entraînant une diminution respectivement de 0,259062 et 0,331325 pour cent à un pour cent de niveau de signification. C'est en raison de la dépréciation du franc congolais qui se produit en raison des dépenses gouvernementales à court terme. On constate que la démocratie lag un et deux ont un impact négatif sur la croissance économique en RDC. En augmentant la démocratie et la démocratie, on constate une détérioration de la croissance économique de 0,014757 pour cent à un pour cent de niveau de signification statistique. Par conséquent, le résultat à court terme confirme le résultat à long terme.

La stabilité des coefficients au cours de la période d'échantillonnage est indiquée dans les graphiques de somme cumulative (CUSUM) et de somme cumulée au carré (CUSUMS)

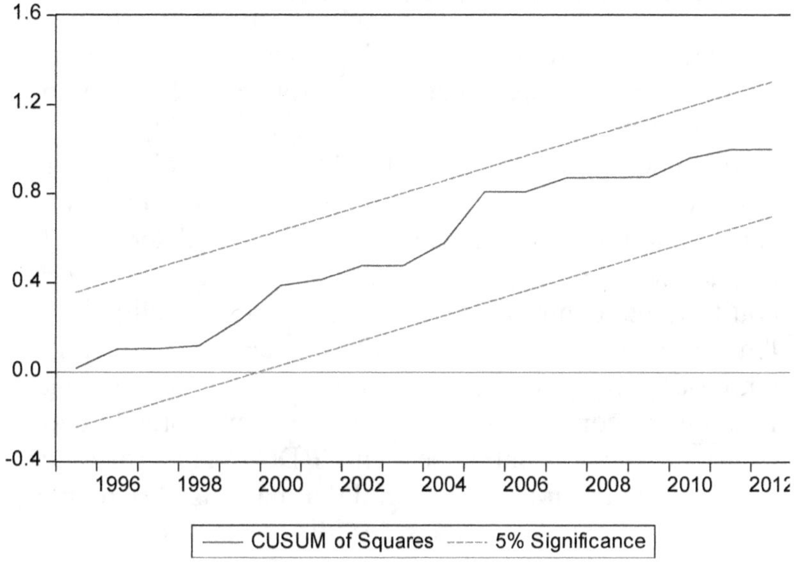
1.6
1.2
0.8
0.4
0.0
-0.4
1996
1998
2000
2002
2004
2006
2008
2010
2012
CUSUM of Squares
5% Significance

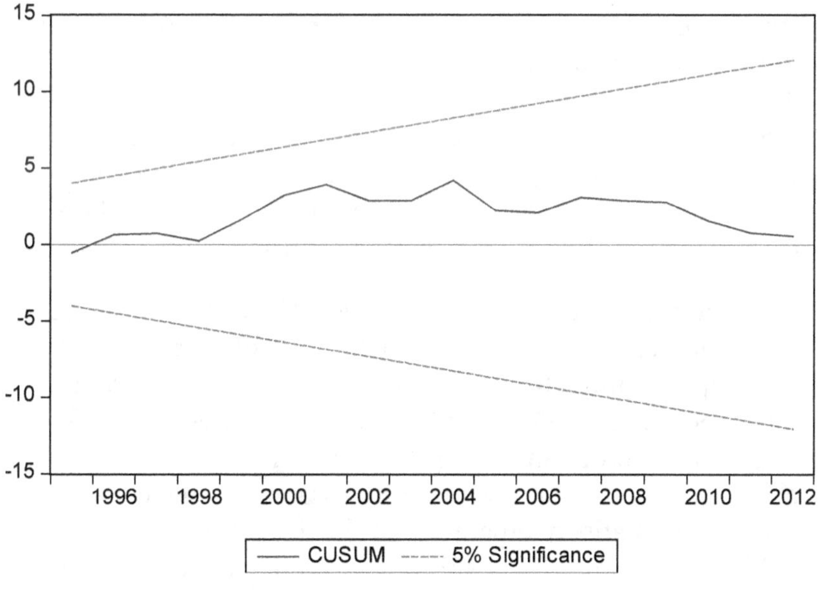
15
10
5
0
-5
-10
-15
1996
1998
2000
2002
2004
2006
2008
2010
2012
CUSUM
5% Significance

5. Conclusions et implications politiques

L'étude a examiné l'impact de la dette extérieure et du service de la dette extérieure sur la croissance économique dans le cas de la RDC sur la période 1972 à 2012. L'approche de co-intégration de l'ARDL a été utilisée pour l'estimation. Il est prouvé par les résultats que l'augmentation de la dette extérieure détériore la croissance économique en RDC. Ce résultat est prouvé à court terme comme à long terme. Cela s'explique par l'impact négatif et la relation statistiquement significative entre la dette extérieure et la croissance économique. L'intuition économique derrière cela est que, plus la dette extérieure est contractée en RDC, la croissance économique diminue en raison de la mauvaise orientation de la dette extérieure dans les différents secteurs. On constate également que le service de la dette est négativement lié à la croissance économique à court terme. Ce résultat n'est pas statistiquement significatif. Le résultat statistiquement significatif est observé dans le délai de service de la dette deux à court terme. À long terme, le service de la dette augmente considérablement la croissance économique en RDC. Cela signifie que la dette extérieure est traitée à long terme, ce qui améliore l'atmosphère d'affaires entre la RDC et les prêteurs.

Le taux de change a un impact négatif sur la croissance économique. Ceci est le résultat d'un effet négatif et statistique significatif du coefficient de change à court et à long terme. En outre, l'investissement direct étranger augmente la croissance économique en RDC aussi bien à court terme qu'à long terme. Cependant, ces résultats ne sont pas statistiquement significatifs. Les dépenses publiques ont un effet positif et statistiquement significatif sur la croissance économique en RDC à long terme.

Toutefois, elle a un impact négatif sur la croissance économique à court terme. C'est en raison de la dépréciation des francs congolais qui se produit en raison de l'inflation influencée par les dépenses publiques à court terme. La démocratie a un impact négatif significatif sur la croissance économique en RDC à court terme et positive, mais négligeable à long terme.

Peut entraîner des paiements d'intérêts élevés. Par conséquent, afin d'éviter et/ou de réduire les paiements d'intérêts, les décideurs politiques devraient couvrir leurs monnaies afin qu'ils puissent être payés et donc réduits.

Résumé

Cette étude présente l'impact de la dette extérieure sur la croissance économique en RDC en employant l'approche du test Bounds pour la co-intégration dans le cadre ARDL sur des données couvrant la période 1972 à 2012. Spécifiquement, elle étudie le long et court terme. À travers cette étude, l'attention est portée sur l'impact de la dette extérieure sur la croissance économique.

Les théories et les différentes enquêtes empiriques expliquent que la dette extérieure peut être positivement ou négativement liée à la croissance économique selon l'activité économique dans laquelle la dette extérieure est injectée. Le résultat de cette recherche montre que la dette extérieure a un impact négatif sur la croissance économique en RDC à long et à court termes. Cependant, il montre également que le service de la dette extérieure a un impact positif sur la croissance économique à long terme. Pourtant, il a un impact négatif sur la croissance économique à court terme. L'étude recommande aux décideurs d'utiliser la stratégie de couverture lors de la contractualisation de la dette extérieure.

Mots clés : dette extérieure, croissance économique, service de la dette extérieure, impact, ARDL (Authoregressive Distributed Lag).

Abstract

This study investigated the long and short-run impact of external debt on economic growth in the Democratic Republic of the Congo (DRC) from 1972 to 2012. In addition, it investigated the relationship between external debt servicing and economic growth. The theories and different empirical investigations explained that external debt can either be positively related to economic growth or negatively related depending on the economic activity in which the external debt is injected. The variables used were integrated of different order (i.e. I(0) and I(1)) based on this the Autoregressive Distributed Lag bounds test to co-integration was used for the estimation. The result showed that external debt has a negative impact on economic growth in the Democratic Republic of Congo in both the long and the short-run. This outcome was statistically significant. However, the result demonstrated that external debt servicing has a positive impact on economic growth in the long-run. Yet it has a negative impact on economic growth in the short-run. The study recommended to policy makers to use the hedging strategy when contracting the external debt.

Références bibliographiques

African Economic Outlook, (2012), http://www.afdb.org/fileadmin/uploads/afdb/Documents/Publications/Congo%20Democratic%20Rep ublic%20Full%20PDF%20Country%20Note.pdf (assessed on 16th June, 2016)

Atingi, M., (2013), Public Information Notice on the Executive Board Discussion ; and Statement by the Executive Director for the Democratic Republic of the Congo, *Article Consultation Staff Report*, 4(2), 120-146

Boboye, L., and Ojo, M. (2012). Effect of external debt on economic growth and development of Nigeria. *International Journal of Business and Social Science*, *3*(12), 250-265.

Boyce, J. K., and Ndikumana, L. (2012). Capital Flight from Sub-Saharan African Countries: Updated Estimates, 1970-2010. *PERI Working Papers*

Ejigayehu, D. A. (2013). The effect of external debt on Economic Growth: A panel data analysis on the relationship between external debt and economic growth. Unpublished work

Elmendorf, D. W., and Mankiw, N. G. (1999). Government debt. *Handbook of macroeconomics*, *1*, 1615-1669.

Elmendorf, D. W., and Mankiw, N. G. (1999). Government debt. *Handbook of macroeconomics*, *1*, 1615-1669.

Fosu, A., (1996). The impact of external debt on economic growth in sub-Saharan Africa, *Journal of development Economics*, *29*(3), 253-268.

Korsi, F., (2015), the effect of external debt on economic growth in sub-Saharan Africa, University of Ghana, unpublished work, http://ugspace.ug.edu.gh

Legesse, T. (2012). Establishing financial markets in Ethiopia: the environmental foundation, challenges and opportunities. *Journal of Business and Administrative Studies*, *4*(1), 1-44.

Marsah., M., G., and Jaggers, K. (2015). Polity IV Project: Political Regime Characteristics and Transition : 1800-2015. *Center for Sytemic Peace and Colorado State University*

Marsah., M., G., and Jaggers, K., (2015). Polity IV Project: Political Regime Characteristics and Transition : 1800-2015. *Center for Sytemic Peace and Colorado State University*.(p. 36-38)

Mohd Dauda, S. N., Ahmad, A. H., and Azman-Saini, W. N. W. (2013). Does External Debt Contribute to Malaysia Economic Growth?. *Economic Research-Ekonomska Istraživanja*, *26*(2), 51-68.

Muhanji, S., and Ojah, K., (2011), Management and sustainability of external debt: A focus on the emerging economies of Africa. *Review of Development Finance*, 1(3), 184-206.

Nguyen, T. Q., Clements, M. B. J., and Bhattacharya, M. R. (2003). *External debt, public investment, and growth in low-income countries* (No. 3-249). International Monetary Fund.

Nwannebuike, U.S., Ike, U. J., and Onuka, O. I. (2016). EXTERNAL DEBT AND ECONOMIC GROWTH: THE NIGERIA EXPERIENCE. *European Journal of Accounting Auditing and Finance Research,* 4(2), 33-48.

Les ouvriers des stations-service au Cameroun

Joseph EPEE EKWALLA
Enseignant à l'Université de Yaoundé I

Introduction

Présentation du thème

Entre 1980 et 1990, le Cameroun subissait de plein fouet la crise économique et financière. Plusieurs entreprises ont mis leurs clés sous les portes occasionnant ainsi un chômage de masse surtout chez les jeunes diplômés de l'enseignement supérieur. Mais, paradoxalement, cette situation difficile n'a pas empêché les groupes pétroliers (TOTAL, MOBIL,SHELL) présents au Cameroun de se lancer dans une nouvelle aventure à travers la construction de nouvelles stations-service aux différents points centraux des quartiers des capitales politique et économique du Cameroun. Un tel engagement, notamment de la part des dirigeants des groupes pétroliers, mériterait que l'on y accorde une attention particulière. C'est la raison pour laquelle nous avons décidé de mener une étude sociologique sur les ouvriers des stations-service.

L'importance du sujet

L'importance de ce sujet a été mise en évidence par le fait que, la construction de nouvelles stations-service permettront à plusieurs chômeurs et autres demandeurs d'emplois, d'accéder à un emploi rémunéré.

Objet

L'objet de ce travail est donc double. D'une part, mettre en exergue l'enjeu et surtout les logiques qui sous-tendent la construction de nouvelles stations-service pétrolières en période de crise. D'autre part, mesurer les conséquences de ladite construction non seulement sur les ouvriers nouvellement recrutés, mais également sur les relations que ces derniers entretiennent avec les gérants des stations-service.

Par ailleurs, nous attirons l'attention sur le fait que cette problématique factuelle s'appuie sur une réflexion méthodologique. De ce point de vue, l'autre objet de notre étude est de tendre les passerelles entre les méthodes quantitative et qualitative et montrer comment leurs combinaisons ont enrichi l'analyse sur les ouvriers des stations-service. La problématique est donc transversale à l'ensemble de ce travail. De plus, comme la méthode quantitative n'a pas pu couvrir l'ensemble du champ conceptuel consacré aux ouvriers dudit secteur d'activités, nous lui avons associé une démarche inductive.

Méthodologie de l'étude

Dans cette partie de notre travail, il sera question, dans un premier temps, de mettre en exergue l'ancrage théorique à partir duquel la problématique des ouvriers des stations-service est appréhendée et, dans un second temps, de focaliser notre attention sur les techniques de recherche utilisées sans toutefois oublier les outils de collecte mobilisés dans le but de mener à terme ladite recherche. Mais avant de le faire, nous présenterons, tout d'abord, la grille théorique à partir de laquelle la réalité est lue et étudiée, ensuite, le cadre méthodologique qui a permis la collecte des données.

Cadre théorique

D'emblée, nous reconnaissons avec Norbert ELIAS (1991) que « l'homme n'est jamais un commencement. Tout homme est héritier ». Autrement dit, tout chercheur s'inscrit forcément qu'il le veuille ou non dans la continuité de ses prédécesseurs, dans l'analyse d'un aspect sui generis du social. Dans cette perspective, la théorie peut être considérée comme « un système explicatif que l'expérimentation confirme ou non » Madeleine GRAWITCH (2001). C'est la raison pour laquelle la présente étude aura comme cadre théorique, l'individualisme méthodologique et l'analyse stratégique.

En ce qui concerne l'individualisme méthodologique, nous retenons tout simplement le fait qu'elle accorde une place de choix à l'individu, en tant qu'acteur social. Dans cette optique, les ouvriers des stations-service peuvent être considérés comme la conséquence des attitudes et des motivations d'un système donné, en l'occurrence celui de leur milieu de travail.

Dans le cadre de cette communication, cette approche nous a permis, d'une part, de rechercher les motivations individuelles des ouvriers des stations-service et, d'autre part, les raisons qui les ont amenés à adopter telle ou telle attitude.

Quant à l'analyse stratégique, c'est tout simplement une approche développée par Michel ROZIER et qui vise à comprendre les stratégies réelles mises en place par les acteurs au sein des organisations, au travers notamment de la formation de relations et de jeux de pouvoir. En effet, cette approche nous a permis d'avoir une meilleure appréciation de l'environnement socioculturel des ouvriers pompistes, de comprendre mieux les mécanismes de fonctionnement des organisations formelle et informelle et, enfin, de connaître de quelle manière se construisent les actions collectives des ouvriers à partir de leurs comportements et intérêts individuels.

Les techniques de recherche et outils de collecte des données

Pour mener à bien cette recherche, plusieurs techniques de recherche et un certain nombre d'outils de collecte des données ont été mobilisés, notamment la pré-enquête qualitative, les enquêtes quantitative et qualitative, l'enquête documentaire, les questionnaires, les entretiens semi-directifs et l'observation participante.

En ce qui concerne *la pré-enquête qualitative*, l'absence des données tant sur les ouvriers des stations-service que sur les stations-service elles-mêmes, a été une des raisons qui nous a contraint à choisir ladite technique de recherche. Celle-ci a d'ailleurs permis, entre autres, de délimiter notre champ de recherche, d'identifier le terrain, d'affiner nos hypothèses de travail, de définir le contenu des notions, de choisir la population et surtout d'acquérir, d'une part, une connaissance plus approfondie sur ce qui caractérise socialement, professionnellement et régionalement les ouvriers des stations-service et, d'autre part, d'élaborer notre questionnaire tant dans ses problématiques que dans sa formulation.

Quant aux *entretiens exploratoires* effectués au sein même des stations-service, ils nous ont permis de comprendre comment le travail était effectivement organisé au sein des stations-service.

Pour ce qui est de l'enquête documentaire, les ouvrages et autres documentations que nous avons consultés ont permis de recueillir des informations extrêmement utiles et nécessaires pour la suite de cette étude.

Quant à *l'enquête quantitative*, elle a été déterminante à partir du moment où elle nous a également permis :

1) D'entrer en possession de données chiffrées sur les stations-service situées à Yaoundé et à Douala ;

2) D'avoir une meilleure connaissance des phénomènes sociaux à partir de leur mise en relation avec ces données ;

3) De comprendre ce qui fait la spécificité des ouvriers des stations-service par rapport aux autres ouvriers camerounais ainsi que leurs pratiques et leurs modes de représentation.

Par ailleurs, le questionnaire que nous avons soumis à un échantillon représentatif de 62 ouvriers des stations-service était essentiellement constitué de questions fermées. Les principales thématiques étaient entre autres la qualification, l'expérience professionnelle, les valeurs socioculturelles. En soumettant ce questionnaire aux ouvriers, notre ambition était de recueillir de plus amples informations sur la situation familiale des ouvriers (nucléaire et élargie) et sur leur vécu quotidien tant à l'intérieur qu'à l'extérieur des stations-service.

L'enquête qualitative, en revanche, nous a permis de mettre en évidence les logiques qui sous-tendent les pratiques et les représentations. C'est pour cela que, les entretiens que nous avons eus avec les gérants suite à notre enquête quantitative ont, non seulement permis d'affiner un peu plus nos premières intentions, mais également de comprendre lesdites logiques.

Par ailleurs, à travers sa démarche profondément inductive et l'intérêt qu'elles accordent au sens donné au phénomène par les personnes qui y sont confrontées, les analyses qualitatives ont été très bénéfiques pour notre recherche. Les quatre entretiens individuels semi-directifs d'une heure environ avec les gérants des stations-service ont été réalisés deux mois après notre enquête quantitative tant leurs domiciles qu'au sein même des stations-service. Ces entretiens nous ont par ailleurs permis, d'une part, de vérifier nos hypothèses de départ et, d'autre part, de mieux comprendre les logiques qui sous-tendent les opinions et les comportements des gérants des stations-service. À cela, il faut ajouter le fait que ces entretiens nous ont d'ailleurs permis de compléter les premières informations qui étaient à notre possession. Ce fut également l'occasion idoine pour introduire de nouvelles thématiques et de nouveaux questionnements, et ce, en perspective d'une meilleure couverture de notre champ d'études.

Ajoutons le fait que ces entretiens semi-directifs nous ont également permis de revenir sur un certain nombre de thématiques de notre étude et de focaliser ainsi l'attention sur les hypothèses qui demanderaient à être confirmées ou pas. Par ailleurs, lors de ces entretiens, les gérants des stations-service ont saisi cette opportunité pour émettre, d'une part, leurs réserves et, d'autre part, faire des propositions concrètes sur les possibilités d'améliorer les conditions de travail dans les stations-service et sur une éventuelle revalorisation salariale des ouvriers de ces dernières.

Par ailleurs, contrairement à notre questionnaire qui n'a pas donné l'opportunité aux ouvriers de s'exprimer librement, l'entretien en revanche avec les gérants des stations-service, a permis à ces derniers d'être plus bavard sur un certain nombre de questions qui, à la différence des questions fermées de l'enquête quantitative, étaient plutôt des questions ouvertes.

Enfin, l'observation participante, qui est une méthode d'enquête par laquelle le chercheur observe directement, par sa présence sur le terrain, les phénomènes sociaux qu'il cherche à étudier. C'est à cet exercice que nous nous sommes livrés pendant plus d'un semestre passé à sillonner le milieu du travail des ouvriers des stations-service. Ainsi, lors de ces entretiens semi-directifs, une grille d'entretien établie par nos soins avec la mention suivante : « Éviter de respecter l'ordre dans lequel les questions ont été posées » avait été soumis à l'intention des gérants, et ce à partir du moment où celles-ci étaient inscrites dans le fil discursif de l'interviewé qui est libre de structurer lui-même sa pensée. Il y avait également, en fonction du discours de l'enquêté, la possibilité de lui poser d'autres questions qui n'étaient pas initialement prévues. Bref, l'objectif de cet entretien était surtout de comprendre le sens que les ouvriers des stations-service assignaient à leurs pratiques et à leurs représentations.

Par ailleurs, observer directement les pratiques sociales, en étant présent dans la situation où elles se développent, est un moyen de reconstituer autrement les faits qu'au travers du seul discours des acteurs recueillis par les entretiens et les questionnaires. En recourant à cette pratique, nous voulions tout d'abord, fonder nos analyses sur l'environnement socioculturel des ouvriers des stations-service, ensuite, apprécier leurs conditions de travail et la qualité de leur matériel de travail et, enfin, observer le comportement des ouvriers à leurs différents postes de travail. À cela s'ajoute le fait que l'observation participante nous a également permis de constater qu'il existait effectivement un décalage entre le travail prescrit et le travail réel au sein des stations-service.

Après cette présentation de la méthodologie, nous allons, dans les pages qui suivent, nous focaliser sur la revue de la littérature spécialisée.

Revue de la littérature

L'objet de cette partie consacrée à la revue de la littérature spécialisée est d'inventorier un certain nombre d'ouvrages, d'articles, etc., sur les notions d'ouvriers et de classes ouvrières en vue d'avoir un aperçu sur les connaissances actuelles. C'est ainsi que, dans un premier temps, cette recherche nous a permis de constater que plusieurs sociologues du travail ont focalisé leurs travaux sur la classe ouvrière et non sur les ouvriers de production proprement dite. De plus, ce sont surtout les grandes entreprises qui ont retenu leur attention. Les petites entreprises de proximité, à l'instar des stations-service, n'ont point suscité un intérêt particulier auprès des chercheurs en sciences sociales. Dans un second temps, il a été très difficile pour nous, de mentionner dans leur totalité des travaux qui, de près ou de loin, ont abordé ledit sujet. Nous avons tout simplement retenu un petit nombre de travaux sur la question afin de dégager l'originalité de la présente étude.

Dans un troisième temps, nous avons, parmi les nombreuses littératures qui se sont penchées aussi bien sur les conditions de vie et de travail des ouvriers que sur la formation de la classe ouvrière, retenu, dans un premier temps, le livre sur l'évolution du travail ouvrier du sociologue Alain TOURAINE (1966) qui fut lui-même ouvrier dans sa jeunesse. Dans cet ouvrage, il définit trois phases d'évolution du travail ouvrier : la phase A, des débuts de la révolution industrielle, la phase B, avec la production de grande série et l'organisation scientifique du travail et la phase C, de recomposition du travail notamment associée à la montée de l'automation. Ces phases ont été mises en avant par l'analyse du travail ouvrier au cours d'une étude effectuée au sein des usines Renault en 1955. La phase A correspond à l'organisation du travail au sein de la société industrielle au 19e siècle. À cette époque, le travail de l'ouvrier était relativement autonome, et il était aisé de trouver du travail ; l'apprentissage du métier se faisait par la pratique, aussi bien dans le milieu ouvrier que dans les postes à responsabilité. Les ouvriers bénéficiaient alors d'une plus grande considération dans leur travail. La phase B est marquée par la mécanisation et donc par la baisse de l'autonomie ouvrière ; les productions se mécanisent, la division du travail apparaît alors en limitant l'importance du travailleur. C'est l'époque du fordisme et du taylorisme.

Dans cette phase, même si le travail est décontenancé, l'ouvrier garde toujours un contact avec l'objet fabriqué. Sa formation de l'ouvrier ne repose plus sur la pratique, mais sur l'obtention de diplômes ; plus l'ouvrier est qualifié, plus il obtient une place importante dans l'entreprise, quelle que soit son expérience. Ainsi, ouvriers qualifiés et ouvriers non qualifiés sont regroupés au sein d'une seule et même « conscience ouvrière ». À chaque époque, les travailleurs sont mal payés et vivent dans des conditions difficiles ; pour changer leurs conditions, ils entrent dans des syndicats. Dans cette phase donc, le syndicalisme est revendicatif. La dernière phase est celle de l'autonomisation. En ne faisant plus que manier les machines, l'ouvrier n'utilise plus ses compétences techniques. Les productions deviennent massives et l'ouvrier est contraint d'accélérer toujours plus le mouvement. La production de marchandises devient considérable, les stocks s'écoulent dans nos sociétés de consommation. Cette phase, à la performance individuelle, a conduit l'ouvrier à s'individualiser ; les revendications particulières se sont donc substituées au syndicalisme revendicatif. Dans un second temps, ce fut le livre collectif de John H. GOLDTHORPE, David LUCKWOOD, Frank BECHHOFFER, Jennifer PLATT (1972). Dans cet ouvrage intitulé « L'ouvrier de l'abondance », ils ont effectué au sein de trois usines modernes de Bedfordshire, une enquête sur leurs ouvriers respectifs. Dans leur enquête exploratoire, ils ont relevé le fait que ces derniers percevaient des salaires plus élevés que la moyenne des ouvriers anglais. L'enquête en elle-même avait pour objectif d'apporter un certain nombre de précisions sur « l'embourgeoisement » du prolétariat britannique au sein de la société de consommation et leur intégration au système capitaliste. Les réponses obtenues auprès desdits ouvriers, poursuivent-ils, montrent que ceux-ci n'attentent de leur travail aucun accomplissement personnel. À l'exception des régleurs, les autres travailleurs n'éprouvent aucune satisfaction personnelle lors de l'accomplissement de leur tâche et plusieurs d'entre eux se plaignent de la monotonie du travail, du rythme trop rapide des chaînes, de la fixation arbitraire des normes, etc. Mais les critiques qu'ils formulent contre l'organisation du travail dans les ateliers proviennent surtout de l'inefficacité de celle-ci qui les empêche de gagner suffisamment d'argent comme ils l'auraient souhaité. Car pour eux, le rôle dévolu au travail est celui de gagner de l'argent et plusieurs d'entre eux ont choisi leur poste actuel non pas à cause de la satisfaction qu'ils pourraient trouver dans l'accomplissement de leur tâche, mais uniquement pour les salaires qui y sont plus ou moins élevés. Ces auteurs constatent par ailleurs que cette conception instrumentale du travail conditionne leur comportement aussi bien dans l'usine qu'au sein de la société, et confirme leur appartenance à la classe ouvrière. Dans la mesure où le travail n'est qu'un moyen pour accéder à la consommation à partir du moment où la recherche de satisfaction se trouve exclusivement orientée sur la vie privée, l'usine cesse d'être un lieu de socialisation positive et de solidarité de classe. La preuve, ces ouvriers ne fréquentent pas leurs compagnons de travail. Dans un registre tout à fait différent, Alain TOURAINE, François DUBET et Michel WIEVIORMA (1984) dans leur ouvrage, se demandent pourquoi les luttes ouvrières ont été au centre de notre vie sociale pendant plus d'un siècle ; pour quelles raisons et dans quelles conditions ont-elles produit le mouvement social de la société industrielle ? Et, ce rôle central, le syndicalisme l'occupe-il encore ; ou bien, s'il faut parler de déclin du mouvement ouvrier, quelles sont les nouvelles fonctions de l'action syndicale ? Ce livre, fondé sur une intervention sociologique menée pendant deux ans avec des groupes de militants syndicalistes, apporte des réponses précises à ces deux interrogations. À ceux qui refusent l'idée d'un conflit central et évident de parler de classes sociales et de lutte de classe, il répond par une analyse précise de la conscience et de l'action de la classe ouvrière. À la vieille tradition française de subordonner les mouvements sociaux aux partis et aux idéologies politiques, il oppose la réalité d'un mouvement proprement ouvrier, qui n'est ni la base ni l'instrument d'une force politique. À ceux qui remplacent des réalités historiques par l'image intemporelle d'une classe ouvrière sacrifiée, il oppose l'étude des formes de passage du mouvement ouvrier aux politiques syndicales. La simplicité de son titre l'indique : ce livre, plus qu'aucun autre, présente l'ensemble des pratiques syndicales du point de vue de leur signification la plus élevée : la formation, le développement, puis la crise du mouvement ouvrier. Il ne parle pas seulement du passé et du présent, mais impose cette question décisive : dans la société post-industrielle, qui se forme sous nos yeux, existe-t-il, peut-il exister un mouvement social capable d'occuper la place centrale que tenait le mouvement ouvrier dans la société industrielle ? Dans la même perspective, Simone WEIL (1934), Professeur agrégé, entre comme « manœuvre sur la machine » dans une usine. Elle ne se veut pas « en vadrouille dans la classe ouvrière », mais entend vivre la vocation qu'elle sent être sienne : s'exposer pour découvrir la vérité. Car la vérité n'est pas seulement le fruit d'une pensée pure, elle est vérité de quelque chose, expérimentale, « contact direct avec la réalité ». Ce sera donc l'engagement en usine, l'épreuve de la solidarité des opprimés – non pas à leurs côtés, mais parmi eux. L'établissement en usine, comme plus tard, l'engagement aux côtés des anarchistes espagnols ou encore dans les rangs de la France libre, est la réponse que Simone Weil a trouvée au mensonge de la politique, notamment celle des dirigeants bolcheviks qui prétendaient créer une classe ouvrière libre, alors qu'aucun «n'avait sans doute mis le pied dans une usine et par suite n'avait la plus faible idée des conditions réelles qui déterminent la servitude ou la liberté des ouvriers. Ce qui, toujours, a fait honneur à Simone WEIL dans la guerre, qu'elle soit mondiale ou de classes, « c'est la situation de ceux qui se trouvent à l'arrière ».

S'agissant cette fois de la formation de la classe ouvrière, le livre de Gérard NOIREC (2002) met en valeur les caractères originaux du processus de formation de la classe ouvrière au sein de la société française. Ouvriers de l'artisanat urbain et ouvriers paysans ont pu éviter le déracinement jusqu'à la fin du XIXe siècle, en s'opposant efficacement aux mutations économiques irréversibles. La deuxième vague d'industrialisation a brisé cette logique en assurant le triomphe des usines, des banlieues et des rigidités du rapport salariat.

La Première Guerre mondiale, la rationalisation du travail et l'immigration massive ont naissance à un nouveau monde ouvrier, sans liens avec le précédent, marginalisé jusqu'au Front populaire, moment de son irruption sur la scène politique dans les décennies qui suivent la Seconde Guerre mondiale. La crise actuelle se traduit par la marginalisation de ce groupe et par l'éclatement du monde ouvrier.

Toujours dans le cadre de la formation de la classe ouvrière, Alain DEWERPE (1989), dans son livre, Le monde du travail en France, se pose un certain nombre de questions : comment s'est formée la classe ouvrière en France ? Comment a évolué le travail industriel durant le

XIXe siècle ? Comment a-t-il influencé les groupes sociaux qui y ont participé ? Quelle était la part d'initiative et d'autonomie du monde ouvrier dans cette gigantesque transformation sociale qui accompagne l'industrialisation ? Comment s'est réalisé le partage du pouvoir, dans l'usine et dans l'atelier ? À quel rythme et selon quelles modalités une culture ouvrière s'est-elle construite ? Telles sont, parmi d'autres, les questions que tente de cerner cet ouvrage. L'auteur insiste sur la diversité des origines de la classe ouvrière : le travail industriel des campagnes, l'univers du petit artisanat urbain, celui de l'usine textile. L'hétérogénéité du monde rural français, avant que la grande usine, puis la rationalisation et le fordisme viennent renforcer sa cohérence, apparaît ainsi comme un trait essentiel de l'histoire du XXe siècle. L'ouvrage propose une lecture ouvrière intégrée dans celle de l'industrialisation française. Il met particulièrement l'accent sur le travail industriel, ses pratiques concrètes, la diversité des marchés du travail, les cultures ouvrières qui les accompagnent et les comportements politiques. Il souligne à la fois la lenteur des rythmes de formation d'une classe ouvrière moderne et les ruptures sociales liées à la dynamique économique propre au capitalisme français.

Pour ce qui est des conditions de travail dans l'usine et l'atelier, Robert PICCAMIGLI (1999) met en exergue un certain nombre de facteurs qui caractérisent l'usine : la pluie et le fond du petit matin, l'odeur entêtante de la machine à café, la lenteur du jour ouvrable, l'attente du week-end et des congés, les photos de filles à poil que l'on regarde pour penser à autre chose… L'usine dont nous parle l'auteur n'est pas celle des journalistes, des sociologues ou des patrons, ni même celle des « travailleurs », comme disent les leaders syndicaux. C'est un espace immense et hostile qui dévore le tiers de la vie d'un homme, une zone de bruit, d'angoisse et d'ennui, où il va falloir chaque jour se battre, attendre, rêver peut-être. Ces pages de solitude, de révolte, de secrète affection aussi, évoquent un monde totalement inconnu de la plupart d'entre nous. Parce qu'il n'arrive presque jamais, à cause du bourdonnement des machines et de la fatigue, qu'un ouvrier devienne écrivain.

Quant à la conscience de classe des ouvriers, Roman DAUTEC (2006) a, dans son ouvrage *La France ouvrière*, a mis l'accent sur le fait que La Belle époque est une période importante dans l'histoire du monde ouvrier, où s'affirme une nouvelle conscience de classe dans une France qui s'individualise. Sans prétendre à l'exhaustivité sur cette période dense, aux conditions d'existence contrastées, aux mouvements sociaux complexes, cet ouvrage nous plonge dans le quotidien d'un monde ouvrier où le travail est rude, le lendemain souvent précaire, mais où se forgent les nouvelles solidarités dans les luttes et les labeurs communs. Au tournant de 1900, l'ouvrier profite aussi de nouveaux progrès techniques : eau courante, électricité, médecine vélocipède... qui vont modifier ses modes de vie, alors que le dimanche chômé et la réduction de la journée de travail obtenue de haute lutte, lui ouvrent les portes de nouveaux loisirs : cinéma, sport et guinguette… Photos amateurs, gravures de la presse illustrée…, à travers ces images inédites d'un monde maintenant lointain, ce livre rappelle la diversité des conditions ouvrières au tournant des années 1900, entre anciens ouvriers paysans attachés à leur terroir, artisans des centres urbains héritiers du compagnonnage, nouveau prolétariat des mines ou de la sidérurgie, immigrés belges ou italiens. Ils soulignent que ces améliorations régulières des conditions de vie n'auront été obtenues qu'au prix des luttes difficiles, de manifestations parfois sanglantes quand chargeaient les Dragons de Clemenceau.

Dans un autre registre, Pierre BOURDIEU (2007) tente de mettre en lumière les causes de la misère sociale sous ses formes modernes. Le succès rencontré par ce texte lors de sa parution vient de ce que, pour la première fois, le sociologue appréhende la misère en donnant la parole à ceux qui la vivent. Il rend publique une souffrance privée au cours de nombreux entretiens où se révèle le malheur du monde et la violence cachée qu'exercent sur les individus les structures économiques et sociales. Au travers des confidences émouvantes et cathartiques, chaque interlocuteur prend conscience des mécanismes qui rendent sa vie douloureuse, voire invivable, et découvre, par-là, la souffrance, les causes sociales de son malheur. Ces témoignages sont aussi pour le lecteur l'occasion de comprendre véritablement les contraintes sociales, les agressions de la vie professionnelle qui font obstacle à l'accomplissement des personnes et à leur légitime aspiration au bonheur.

En ce qui concerne le rôle des ouvriers en Afrique, il y a lieu d'avoir à l'esprit que quinze ans après la fin de l'apartheid, la ségrégation est encore très présente en Afrique du Sud, en particulier dans le secteur secondaire, de plus, l'inflation et la faiblesse du salaire minimum légal n'ont pas concrètement amélioré les conditions de vie des ouvriers. Le travail de Judith HAYEM (2008) sur les formes de pensée ouvrière en Afrique du Sud a le mérite d'apporter une touche optimiste, montrant l'intellectualité positive et unitaire des ouvriers. Sous le titre *La figure ouvrière en Afrique du Sud,* cette anthropologue se donne comme objectif théorique de remettre en question l'analyse dialectique de la figure ouvrière en proposant une approche originale qui met à jour la subjectivité des ouvriers sans chercher pour autant à les relier a des déterminismes tels que leurs parcours de vie, la couleur de peau, etc.

Au terme de cet inventaire, force est de constater que les auteurs étudiés dans cette revue de la littérature spécialisée ont, chacun à sa manière, donné quelques pistes de réflexion relatives aux notions d'ouvriers, classe ouvrière, etc. La présente étude, loin de remettre en cause la pertinence desdits travaux, cherche plutôt à mettre en évidence, d'une part, les caractéristiques sociologiques des ouvriers des stations-service nouvellement recrutés et, d'autre part, les relations professionnelles existant entre ces derniers et les gérants de ces stations-service. De manière spécifique, la préoccupation qui nous anime s'organise autour de l'objet ci-dessous.

Questions de recherche

Notre question de recherche est donc la suivante : Comment s'explique le fait que, c'est justement pendant la période de crise économique que les dirigeants des différents groupes pétroliers ont pris le risque de construire de nouvelles stations-service à Yaoundé et à Douala ? Et par ailleurs, quelles conséquences cette initiative pourrait-elle avoir tant sur les ouvriers nouvellement recrutés que sur les relations que ces derniers avec les gérants des stations-service ?

Hypothèse de recherche

Par rapport à cette question principale de recherche, nous avons émis en idée les hypothèses ci-après :

1) La construction de nouvelles stations-service à Yaoundé et à Douala a permis aux différents groupes pétroliers de renforcer leur hégémonie leurs présences tant sur le secteur pétrolier que dans les deux capitales camerounaises ;

2) Les ouvriers nouvellement recrutés dans les stations-service présentent des caractéristiques spécifiques par rapport à leurs anciens collègues ;

3) Malgré la construction de nouvelles stations-service et le recrutement de nouveaux ouvriers, les relations entre les gérants et les ouvriers n'ont pas changé d'un iota.

Définition des concepts

Après avoir attiré l'attention sur l'importance de la définition pour « limiter le champ de la recherche et savoir ce dont on parle », Durkheim (1894) insiste sur la nécessité de substituer aux notions du sens commun une première définition scientifique. Fidèle à cette posture, nous allons analyser les concepts ci-après : ouvrier et conscience ouvrière.

En effet, étymologiquement, le concept d'ouvrier peut être défini du latin comme un opus, un travail, un ouvrage. Un ouvrier est donc une personne qui, en échange d'un salaire, effectue un travail manuel pour le compte d'un employeur principalement dans les domaines du bâtiment, de l'industrie, de l'artisanat ou de l'agriculture. Cependant, tous les salariés qui gagnent de l'argent du fait de leur travail ne sont pas forcément des ouvriers. C'est le cas des cadres, des dirigeants d'entreprise, des consultants externes, des employés de bureau. La notion d'ouvriers se caractérise, outre les domaines évoqués plus haut par :

- Un faible pouvoir de décision dans l'entreprise ;
- Peu de diplômes ;
- Des tâches techniques de production ;
- Des conditions de travail parfois difficiles.

À cela s'ajoute une connotation sociale de la condition d'ouvrier qui s'oppose à d'autres classes comme le patronat ou la bourgeoisie.

Par ailleurs, les conditions de travail et de rémunération, les droits des ouvriers (durée du travail, congés payés, droit de grève, protection sociale) varient selon les entreprises, les domaines d'activité et les pays. Nous ne pouvons pas mettre terme à cette analyse sur la notion d'ouvrier sans toutefois mentionner la distinction qu'il y a entre ouvrier qualifié ou professionnel (OQ ou OP) et ouvrier spécialisé (OS).

Pour ce qui est de l'OQ ou OP, il s'agit d'un ouvrier généralement titulaire d'un Certificat d'aptitude professionnel (CAP), qui possède un métier soit par un long apprentissage, soit par un enseignement professionnel.

L'OS, en revanche, est un ouvrier sans qualification professionnelle qui exécute un travail précis (sur une machine) ne demandant qu'une courte période d'apprentissage.

Quant à la notion de conscience sociale, il faut dire que le mot conscience provient du latin conscientia qui veut dire « savoir, avoir connaissance ». Il s'agit, en d'autres termes, de l'acte psychique qui permet à une personne de se percevoir dans le monde, de se rendre compte par elle-même de sa position. La conscience est donc la connaissance réflexive des choses. En revanche, pour les marxistes, la conscience sociale se manifeste moyennant l'idéologie politique, la religion, l'art, la philosophie, la science voire la structure juridique d'une société. Suivant ce courant, l'individu qui n'arrive pas à comprendre cela est alors aliéné.

Trois chapitres constitueront l'objet de notre travail ; le premier est consacré essentiellement à une description sommaire des stations-service. Le deuxième s'appesantira sur les différentes politiques sociales et commerciales qui ont été mises en œuvre au sein des stations-service et, enfin le troisième, mettra en exergue, d'une part, les caractéristiques spécifiques des ouvriers nouvellement recrutés et, d'autre part, les relations de ces derniers avec les gérants des stations-service.

I- Description sommaire des stations-service

I.1. Fondements théoriques

Les entreprises distributrices des produits pétroliers appelées dans le langage courant stations-service sont des postes de distribution d'essence et d'entretien de véhicules. Cette définition de la station-service est presque intégrale au regard du visage qu'offre la majeure partie des stations-service. Celles-ci peuvent être qualifiées à juste titre d'entreprises de proximité à cause de leur interaction permanente avec le public. Ces rencontres quotidiennes créent forcément des liens d'amitié entre clients et salariés. Ces stations-services offrent également à sa clientèle une gamme de services et de produits : achat des lubrifiants, services de baie (vidange et graissage), lavage des véhicules, officine de médicaments pharmaceutiques et boutiques pour la vente des produits de luxe. Après cette analyse sommaire des stations-service, nous essayerons à présent de montrer la différence qu'il y a entre les grandes et les petites stations-service.

I.2. Différence entre petites et grandes stations-service

I.2.1. Les petites stations-service

En ce qui concerne les conditions de travail dans les petites stations-service, elles sont extrêmement pénibles : bureaux trop exigus, matériel de sécurité et d'hygiène indisponible, restaurants d'entreprise inexistants, etc. Quant aux pompes d'essence disponibles, elles sont au total à 04. Pour ce qui est de ses effectifs, ils sont une dizaine de salariés environ. S'agissant enfin de leur situation géographique, elles sont situées en majorité dans les points centraux des quartiers populaires de Douala et de Yaoundé. À cela, il faudrait que l'on y ajoute la lourdeur des charges horaires qui pèsent sur chaque ouvrier : 7 h à 14 h et de 16 h à 7 h.

2.1.2. Cas des grandes stations

En revanche, dans les grandes stations-service, les conditions de travail sont nettement meilleures : bureaux plus spacieux ; parkings de stationnement mieux aménagés. En ce qui concerne les pompes d'essence disponible, leur nombre avoisine une dizaine. S'agissant des effectifs disponibles, ils sont une trentaine de personnes à peu près. Quant à la situation géographique, elles sont majoritairement situées aux abords des pénétrantes et des sorties des grands boulevards de Douala et de Yaoundé. Pour ce qui est des horaires du travail journalier des ouvriers, il se déroule en trois périodes : 7 h - 14 ; 14 h - 22 h et 22 h - 06 h.

Éléments d'analyse des cas

Les dirigeants des groupes pétroliers ont mis à profit la crise économique pour étendre leur zone d'influence et transformé les différents points centraux des quartiers populaires de ces dernières en véritables champs de bataille où devront désormais s'affronter les différentes stations-service.

Par ailleurs, l'enquête participative nous a permis de comprendre comment fonctionnent effectivement les politiques sociales et commerciales des stations-service.

Ainsi, nous pouvons retenir que, les dirigeants des stations-service MOBIL ont, sur le plan commercial, pris deux mesures importantes à savoir :

1) Augmenter le nombre de stations-service à Douala et à Yaoundé ;

2) Renforcer les moyens de sensibilisation.

En revanche, les dirigeants des stations-service TOTAL ont surtout mis l'accent tant sur les actions sociale que commerciale. Quelques exemples :

1) Améliorer les conditions de travail des ouvriers ;

2) Encourager ces derniers à suivre les stages de recyclage et de perfectionnement ;

3) Réévaluer le budget en matière de publicité.

La politique des dirigeants des stations-service SHELL n'est pas différente de celles des autres dirigeants des stations-service :

1) Améliorer les conditions de travail et de vie de leurs ouvriers ;

2) Augmenter le budget de fonctionnement des stations-service.

En ce qui concerne la gestion administrative et financière des stations-service TOTAL, la Direction Générale du groupe a mis en place un système de *gestion directe* (GD) piloté par un ancien salarié du groupe. Celui-ci est donc détaché auprès de la station-service en qualité de gérant. À part le fait de gérer administrativement la station-service, il entretient également le matériel de travail. Son principal collaborateur en la matière est le Chef de Service en charge des finances.

En revanche, dans les stations-service du groupe MOBIL, la Direction Générale a plutôt choisi un système à double gérance : mandataire et libre.

Quant à la *gérance mandataire, c'est* un système dans lequel un gérant nouvellement recruté n'assure que la gestion financière administrative. L'approvisionnement en carburant et autres lubrifiants reste dans le domaine de compétence de la Direction Générale.

En revanche, dans la *gérance libre,* le gérant est responsable non seulement la gestion financière, mais également de l'achat et de la revente du carburant.

Le groupe EFL a également préféré un système à double gérance : contrôlée et directe.

S'agissant de la *gestion contrôlée,* la Direction Générale assure non seulement la gestion financière de la station-service, mais supervise également le démarrage des activités de la station-service en attendant la titularisation du gérant recruté sur concours. Quant à la gestion directe, elle fut abandonnée très rapidement à cause de l'indélicatesse de plusieurs gérants. En revanche, dans la gérance contrôlée, la Direction Générale qui a le monopole sur les fonds qui sont alloués au fonctionnement de la station-service. C'est encore elle qui, en fonction des besoins, met à la disposition du gérant les moyens financiers nécessaires. Par ailleurs, le recrutement de ce dernier s'est fait suite à test particulièrement sélectif et que son contrat prévoit soit sa rétrogradation soit son renvoi pur et simple en cas de malversations avérées.

États des lieux des stations-service

Avant d'aborder cette partie de notre étude, nous mettons à votre connaissance des informations concernant la catégorie (CSP) et les salaires des ouvriers de la station-service Elf axe lourd. C'est un choix qui a été fait en fonctions de deux indicateurs à savoir :

1) Leurs chiffres d'affaires ;

Leurs effectifs.

Les indications susmentionnées reflètent à quelques choses près la classification socioprofessionnelle ainsi que la grille salariale des ouvriers des stations-service au Cameroun

1 : Classification socioprofessionnelle et rémunération des salariés de la station-service Elf Axe lourd

Classification socioprofessionnelle	Rémunérations
Chef de piste	60000
Chef de graissage	60000
Pompiste	45000
Laveur	40000

Source : enquête sur le terrain

Éléments d'analyse du cas

En ce qui concerne l'organisation technique du travail dans les stations-service, hormis le fait qu'elle est similaire dans l'ensemble des stations-service de notre étude, elle repose également sur la rotation de trois équipes (les quarts) composées chacune de 04 voire 05 personnes réparties dans les différents postes de travail.

Quant à l'emploi du temps de l'ouvrier par journée de travail, il est planifié ainsi qu'il suit : 7 h -14 h ; 14 h -22 h ; 22 h -6 h. Ce qui fait 60 heures au total, soit 12 heures de plus que les 40 heures prévues par la législation. Heureusement, les deux jours de repos par semaine accordés par la Direction Générale sont, d'après les ouvriers, un moment important pour se reposer et préparer la reprise du travail.

Après avoir revisité l'emploi du temps de l'ouvrier des stations-service, nous allons actuellement nous appesantir sur les tâches parcellaires effectuées par chaque ouvrier au sein de la station-service.

En ce qui concerne le Chef de piste, véritable organisateur du travail au sein des stations-service, sa journée de travail est très chargée : contrôler le stock de produits ; passer les commandes ; rassembler les bons d'essence ; déposer la recette à la banque ; mettre à jour le livre journal de la station-service ; accompagner le camion au lieu d'approvisionnement ; organiser le service de quarts ; répartir les collègues ouvriers dans leurs différents postes de travail respectifs. Quant à l'ouvrier graisseur véritable contrôleur du travail, dès qu'il arrive à son lieu de travail, il doit s'atteler à plusieurs tâches : contrôler les moteurs des véhicules ; contrôler la pression pneumatique des voitures et les niveaux d'huile, de l'eau dans les radiateurs, du liquide de refroidissement, de l'eau de laves glaces, de l'huile de direction et des boîtes de vitesse ; des ponts de suspension ; régler les parallélismes des roues des véhicules. En marge de ces tâches routinières, il doit également rendre la station-service propre.

Pour ce qui est de l'ouvrier mécanicien, ses tâches ressemblent, à quelques rares exceptions, à celle de son collègue graisseur : faire la propreté de la station-service ; vendre du carburant, contrôler les moteurs des véhicules…

Enfin, s'agissant de l'ouvrier pompiste, Homme en contact permanent avec la clientèle, il a essentiellement trois tâches à accomplir : faire « l'état physique de la station-service », c'est-à-dire faire la propreté de la station-service ; entretenir le matériel de travail et vendre du carburant.

II- Présentation et discussion des résultats

II.1. Éléments et discussion des cas présentés

III.1. Classes d'âges, origines sociales, niveau d'instruction, carrières professionnelles et problèmes de discrimination.

En ce qui concerne la situation des nouvelles recrues parmi les ouvriers des entreprises distributrices des produits pétroliers (stations-service), nous relevons tout d'abord les faits suivants : c'est une population qui est relativement jeune : 40 % d'entre eux ont un âge variant entre 20 et 25 ans ; 48 % entre 26 et 31 ans et 12 % entre 32 et 38 ans. Ensuite, 34 % sont des fils et filles de paysans et 11 % seulement des fils des parents travaillant dans le secteur non salarié. Enfin, en matière d'instruction, 77 % ont un niveau d'enseignement secondaire ; 16 % un niveau d'enseignement supérieur et 7 % seulement un niveau d'enseignement primaire.

Quels enseignements pouvons-nous tirer de ces résultats :

1) En matière de scolarisation, nous constatons que les ouvriers des stations-service forment trois catégories très inégalitaires.

2) Qu'il y a un lien entre le niveau d'études et l'âge. En effet, notre enquête a montré clairement que les nouvelles

recrues parmi les ouvriers sont plus jeunes et plus scolarisées que leurs anciens collègues ouvriers.

Quant à leur avenir professionnel, une écrasante majorité d'ouvriers souhaiteraient poursuivre leur carrière au sein des stations-service. Cette déclaration positive par rapport à la question posée peut d'ailleurs se comprendre à partir du moment où les jeunes diplômés de l'enseignement supérieur sont les premières victimes du chômage de longue durée. Toutefois, cet optimisme doit être relativisé à partir du moment où, lors de notre entretien, un autre groupe d'ouvriers avait fait la déclarer : « être prêt à accepter un autre emploi plus sécurisant, plus valorisant et plus rémunérateur ».

Mais, ce qui est encore plus contradictoire c'est le fait que, en répondant à la question par rapport à leur profil de carrière, seuls 1/4 d'entre eux ont déclaré préférer rester à leur emploi actuel.

S'agissant des problèmes de discrimination et de harcèlement sexuel, il faut d'abord reconnaître qu'ils font partie intégrante de toute organisation. Ainsi, 35 % d'ouvrières des stations-service ont reconnu avoir été victimes de discrimination de la part de leurs collègues de service ; 65 % victimes de harcèlement sexuel tant de la part des clients que des collègues. Par ailleurs, en ce qui concerne les recrutements dans les organisations camerounaises en général, celles-ci ont la mauvaise réputation d'utiliser le plus souvent des critères fort contestables. Comment cela se passe-t-il au sein des stations-service ? Une écrasante majorité d'ouvriers ont déclaré avoir obtenu leur emploi par le biais des réseaux relationnels, parentaux et clientélistes. Ce sont des réseaux qui fonctionnent au sein de plusieurs associations, notamment ethnique, villageoise, religieuse… La salarisation constitue ainsi pour ces différentes communautés, un élément fondamental en vue de la mise en place de stratégies de reproduction du salarié lui-même et de sa communauté d'appartenance. Mais l'entreprise camerounaise fonctionne aussi en interne par le même jeu de relations personnelles, familiales et de clientélisme.

II.2. Résultats de nos investigations au sein des stations-service

III.2.1. Existence des liens sociaux et professionnels au sein des stations-service

Notre préoccupation dans cette partie du travail était double :

Dans un premier temps, il était question de comprendre la nature de relations existantes entre les nouvelles recrues parmi les ouvriers et leurs collègues les plus anciens ;

Dans un deuxième temps, essayez de comprendre si l'arrivée d'une nouvelle génération d'ouvriers au sein des stations-service n'a pas remis en cause les relations paternalistes entre gérants et ouvriers

En ce qui concerne les relations entre ouvriers, la majorité a déclaré que malgré les conditions de travail difficile, le climat et l'ambiance de travail entre eux sont cordiaux et bon enfant sans toutefois oublier les liens de solidarité et de fraternité qui caractérisent leur vie quotidienne. Mais, au-delà de ces relations strictement professionnelles, d'autres formes de solidarité et de sociabilité naissent et se concrétisent en de véritables relations de convivialité et de fraternité et ont pour finalité à amener les ouvriers à avoir une réelle conscience sociale et professionnelle à partir du moment où les politiques sociales actuellement en vigueur au sein des stations-service sont rejetées par la quasi-totalité des ouvriers : salaires en deçà du barème salarial national, heures supplémentaires non payées, responsabilités administratives et financières très lourdes et tâches routinières et ennuyeuses en longueur de journée… Bref, une journée de travail extrêmement pénible et suffisamment éprouvante pour les ouvriers, sans toutefois oublier la psychose quotidienne des agressions.

Notre seconde préoccupation était de savoir si les relations paternalistes entre gérants et ouvriers ont survécu à l'arrivée d'une nouvelle génération d'ouvriers au sein des stations-service. Malheureusement, ni la jeunesse, ni la scolarisation plus importante, ni même les origines urbaine et semi-urbaine des nouvelles recrues n'ont en aucun cas modifié ces relations qui datent depuis de très longues années.

En ce qui concerne les conditions de travail dans les stations-service, nous avons vu qu'elles sont déplorables : locaux de bureaux trop exigus ; restaurants d'entreprise inexistants, matériel de sécurité indisponible... Sur ce dernier point précisément, nous attirons l'attention des dirigeants des différents groupes pétroliers sur l'impérieuse nécessité de doter leurs stations-service respectives d'un dispositif de sécurité et d'hygiène performant. C'est la manière la plus efficace d'assurer la protection des ouvriers contre les accidents de travail.

Par ailleurs, suite aux luttes incessantes contre le patronat, les syndicats et d'autres types d'associations des travailleurs ont eu droit d'être présents dans les entreprises. C'est loin d'être le cas au sein des stations-service. Nous en avons eu la confirmation lors de notre enquête exploratoire. À cette absence de représentations syndicale et du personnel, s'ajoute une organisation du travail se reposant sur les systèmes taylorien et bureaucratique du travail. Dans ces conditions, le paternalisme qui caractérise les relations entre gérants et ouvriers au sein des stations-service a encore de beaux jours devant lui.

II.3. Résultats des investigations effectuées hors de l'entreprise et au sein des familles

Vie familiale et sociale

Un des problèmes cruciaux de la vie familiale et sociale des ouvriers est celui de leurs conditions de vie et de logement.

En ce qui concerne précisément les conditions de vie et de logements des ouvriers des stations-service, notre enquête quantitative a clairement mis en évidence le fait qu'une majorité d'entre eux habitent les quartiers populaires de la capitale économique Douala comme New-Bell, Bépanda, Mabanda, etc. ; un quart dans les quartiers résidentiels comme Bali, Akwa, Bonanjo ; un autre quart les ilots populaires des quartiers centraux de la ville de Douala (New Deido, Bessengue, Mabanda, Bepanda, etc.) ; un quart encore les banlieues périphériques proches ou lointaines comme Bonamoussadi, Bendi, Kotto, Bojongo, km P 10, etc. Dans la péri-urbaine en général, les conditions de logement sont souvent précaires avec des maisons le plus souvent bâties sur un terrain non loti, occupées de fait par les vagues d'immigrations de l'exode rural. Ont grossi également ces mêmes quartiers, les ouvriers et leurs familles chassés des vieux bidonvilles du centre-ville de Douala conséquemment aux prix exorbitants des terrains.

L'instabilité du lieu de résidence est également un autre facteur important de la vie familiale et sociale des ouvriers. Elle se traduit souvent par le déplacement des ouvriers du centre-ville vers le lointain périphérique urbain pour des raisons économiques et sociales liées au coût de la vie et au poids familial. En matière d'accession à la propriété, notre étude a montré que seuls 9 % d'ouvriers sont propriétaires de leurs logements (5 % des studios et 3 % des 02 pièces et plus). Ces propriétés sont, pour la plupart, des maisons héritées de leurs parents.

Quant à leurs conditions de logements, elles se présentent ainsi qu'il suit : 2/3 sont des maisons de location ; ¼ vivent dans les maisons familiales ; 10 % sont propriétaires de leurs maisons. Parmi les 52 % d'entre eux, 16 % sont logés dans les chambres ; 21 % dans les studios et 15 % dans les deux pièces et plus.

Pour ce qui est de leur régime matrimonial, sur les 80 % d'ouvriers de sexe masculin, 64 % sont célibataires et 16 % mariés : 13 % de sexe féminin sont célibataires et 7 % mariées. Bref, il y a lieu de retenir en fait que, les ouvriers des stations-service sont en majoritairement des hommes et femmes célibataires.

Quant à la pratique des activités culturelles, sportives et autres loisirs, le constat le plus frappant est la prédominance de l'inactivité sportive chez la majorité des ouvriers. Les raisons avancées par ces derniers sont : manque d'infrastructures sportives à proximité des maisons, insuffisance de moyens financiers et de temps libre consacré aux loisirs. En revanche, leur passe-temps favori, c'est de suivre devant leur écran de télévision soit un match de football soit un film.

Par ailleurs, un autre fait important à relever, c'est l'incidence de l'âge sur la pratique et le choix des sports et des loisirs. En effet, notre enquête montre clairement que ce sont les mêmes ouvriers qui regardent les films à la télévision, qui pratiquent le sport et qui écoutent de la musique.

Quant au maintien des attaches familiales, villageoises et régionales avec leurs régions d'origine, les nombreuses réunions organisées dans les quartiers à l'intention des ressortissants des mêmes familles, des mêmes villages, des mêmes départements, des mêmes régions, tout cela contribue à consolider les liens de solidarité et de fraternité existant entre eux. Ces moments de retrouvailles sont déterminants pour une éventuelle intégration et une socialisation positive des nouveaux arrivants, des frères du village qui ont récemment émigré en ville. Au sein ces associations, on retrouve des ouvriers, mais également les membres de leurs familles (nucléaire et élargie) des étudiants, des salariés, des élites politique, administrative et traditionnelle.

En ce qui concerne le financement des activités culturelles et sociales de ces associations, il provient essentiellement des cotisations des membres. Quant aux principales activités, elles se déroulent aussi bien en ville (les manifestions culturelles, les tontines et autres cérémonies importantes) qu'au village (construction des dispensaires, écoles, Universités, organisation et participation aux grandes cérémonies traditionnelles). Bref, toutes ces associations (villageoises, ethniques, religieuses) représentent pour les ouvriers et leurs familles, des lieux d'intégration, de socialisation et surtout de perpétuation des valeurs ancestrales et régionales.

Conclusion

Au début de cette recherche, nous nous sommes fixé un double objectif. Le premier objectif était de savoir pourquoi les dirigeants des groupes pétroliers ont, en pleine crise économique, augmenté le nombre de stations-service dans les deux capitales camerounaises. Le deuxième objectif était de mettre en lumière les conséquences de cette décision, d'une part, sur les nouvelles recrues parmi les ouvriers et, d'autre part, sur les relations entre ces derniers et les gérants des stations-service.

1) S'agissant du premier objectif, il ressort de notre enquête que ce qui préoccupait essentiellement les dirigeants des différents groupes pétroliers était non seulement d'occuper les différents points centraux des quartiers populaires des villes de Yaoundé et de Douala, mais d'assoir également leur domination sur ces dernières ;

2) Quant au deuxième objectif, notre enquête a mis en lumière trois conséquences. La première conséquence c'est le recrutement d'une catégorie d'ouvriers culturellement et socialement différente des anciens ouvriers. La deuxième conséquence c'est en fait que, malgré les changements d'ordre structurel et organisationnel, les relations entre gérants et ouvriers ont conservé leur caractère paternaliste. La troisième conséquence c'est tout simplement le fait que l'organisation du travail dans les stations-service continue à se reposer sur les principes taylorien et bureaucratique.

En définitive, il ressort de l'ensemble de l'analyse, d'une part, que les objectifs poursuivis ont été atteints et, d'autre part, que les résultats auxquels nous sommes parvenus peuvent se généraliser à l'ensemble des stations-service.

Résumé

Il est question, dans la présente communication, de mettre, tout d'abord en lumière, l'enjeu et les logiques qui sous-tendent la construction de nouvelles stations-service en période de crise par les groupes pétroliers. Ensuite, elle met l'accent sur la différence qu'il y a entre les nouvelles recrues des stations-service et leurs anciens collègues. Enfin, elle montre que, malgré le recrutement d'une nouvelle génération d'ouvriers, les relations entre gérants et ouvriers ont conservé leur caractère paternaliste.

Mots clés : ouvriers, stations-service, gérance, conscience professionnelle.

Bibliographie

ADAM G., RAYNAUD J.D., *Conflit du travail et changement social*, Paris, PUF, 1978.

AGACHE G., *Identités professionnelles et leur transformation. Le cas de la sidérurgie*, Paris, Logiques sociales, 2001.

AGIER M., COPANS J., MORICE A., *Classes ouvrières d'Afrique noire*, Paris, Karthala, 1987.

AGIER M., Le passage à l'usine. Formes de recrutement et gestions de la main-d'œuvre au Cameroun, *Sciences et Techniques, série Sciences Humaines* (Yaoundé), ISH, 48 p, multigr.

AKTOUF O., La parole dans la vie de l'entreprise : faits et méfaits, Gestion, *Revue Internationale de Gestion*, 11 (4), novembre 1986, P. 31-37.

ALAIN et EDGAR H., *L'Afrique, un avenir en sursis*, Paris, L'Harmattan, 1988.

ALBOU P., *Problèmes humains de l'entrepris*e Paris, Dunod, 1975.

ALTER N., *L'innovation ordinaire*, Paris, Presses Universitaires de France, 2000.

- *Les nouvelles approches sociologiques des organisations*, Paris, Éditions du Seuil, Collection Sociologique, 1996.

ANDRIEUX A., LIGNON J., *L'ouvrier aujourd'hui :existe-t-il aujourd'hui une conscience de classe ? Sur les changements dans la condition et la conscience ouvrière*, Paris, Ed. Gonthier, Coll. Médiations, 1966.

ARNAULT J., *Les ouvriers américains*, Paris, Éditions Sociales, 1972.

AUBREY B., *Savoir faire savoir*, Paris, Inter édition, 1990.

BALANDIER G., *Sociologie des mutations*, Paris, Anthropos »,1970.

BARBIER J.C., *L'organisation du travail*, Paris, le Sycomore, 1981.

BARRAUD J., KITTEL F., MOULE M., *La fonction ressources humaines : métiers, compétences et formation*, Paris, Dunod, 2004.

BAUD J., *Les relations humaines*, Paris, PUF, Coll. « Que sais-je » ?, 1965.

BAYARD PH., CHAVANE G. (Préf.), *Les relations sociales dans l'entreprise*, Paris, Chotard et Associés, 1979.

BERNOUX PH., *La sociologie des Entreprises*, Paris, Le Seuil, collection « Points Essais », 1995.

BERNOUX PH., *La sociologie des entreprises*, Paris, Le Seuil, 2e éd., 1999.

BERNOUX PH., *Sociologie du changement, dans les entreprises et les organisations*, Paris, Le Seuil, 2004.

BERTRAND O., L'évolution des qualifications professionnelles, *Futuribles,* septembre 1992, n° 168, p 3 - 24, Québec.

BLANCHARD - LAVILLE C. (dir.), FABLET D., *L'analyse des pratiques professionnelles*, Paris, L'Harmattan, 1996.

BOURDIEU P., *Le misère du monde*, Paris, Seuil, 2007.

BRAVERMAN H., *Travail et capitalisme monopoliste*, Paris, Maspéro, 1976.

BRILMAN J., *L'Entreprise réinventée*, Paris, Ed. d'Organisation, 1995.

CABANES R., COPANS J. SELIM M., *Salariés et entreprises dans les pays du Sud*, Paris, karthala - ORSTOM, 1995.

CAPDEVIELLE J., MOURIAUX R., *L'ouvrier conservateur*, Nantes, LERCO, coll. Cahiers n°6, 1983.

COPANS J., CABANES R., SELIM M., *Salariés et entreprises du Sud : contribution à une anthropologie politique*, Paris, Ed. Karthala, 1995.

CROZIER M., *Le monde des employés de bureau*, Paris, Le Seuil, 1965.

DAUTEC R., *Il y a un siècle... La France ouvrière*, Grenoble, Ouest-France, 2006.

DELALANDE P., *Gestion de l'entreprise industrielle en Afrique*, Paris, Economica, 1987.

DENIOT J., DUTHEIL C. (sous la dir.), DEWERPE A., DURKHEIM E., *Les règles de la méthode sociologique, Paris, Payot, coll. Petite Bibliothèque, 1894 et 2009.*

- Le monde du travail en France, Paris, *Armand Colin*, *1989.*

- *Métamorphoses ouvrières*, Paris, L'Harmattan, 1995.

EPEE EKWALLA J., *L'avenir du syndicalisme unique en Afrique : le cas du Cameroun*, Montréal, HEC-CETAI, 1996.

EPEE EKWALLA J., *Les syndicats au Cameroun Genèse, crises et mutations*, Paris, L'Harmattan, 2009.

ERBES - SEGUIN S., *Démocratie dans les syndicats*, Paris, Mouton, 1971.

ERBES -SEGUIN S., DURAND C., VIDAL D., *Grèves revendicatives ou grèves politiques ?* Paris, Anthropos, 1971.

ERBES -SEGUIN S., Ollier P., *Memento de sociologie du travail*, Paris, Dalloz, 1972.

ERBES - SEGUIN S., *Syndicats et relations de travail dans la vie économique française*, Lille, PUL, 1985.

ERBES - SEGUIN S.,

- *Le travail dans la société. Bilan de la sociologie du travail*, Grenoble, PUG, 1988.

ERBES - SEGUIN S., *La sociologie du travail*, Nouv. Éd., Paris, La Découverte, 2004.

EYRAUD F., *Travail et travailleurs en Grande-Bretagne*, Paris, la Découverte, 1985.

GADREY N., *Hommes et femmes au travail : inégalités, différences, identités*, Paris, L'Harmattan, 1992.

GELIERO O., *Stratégies de l'entreprise et motivation des hommes*, Paris, Éd. Hommes et Techniques, 1984.

GHIGHIONE R., MATALON B., *Les enquêtes sociologiques. Théories et pratiques*, Paris, 6e éd-1SBN, 1998.

GOLDTHORNE J. H., LUCKWOOD D., BECHHOFFER, PLAT J., *L'ouvrier de l'abondance, Paris, Éditions de Seuil, 1972.*

HAYEM J., *La figure ouvrière en Afrique du Sud, Johannesburg, IFAS, Paris, Karthala, 2008.*

MISCHI J., *Servir la classe ouvrière. Sociabilités militantes au PCF, Rennes, Presses universitaires de Rennes, 2010.*

JARDILLIER P., *Les conditions de travail*, Paris, Coll. « Que sais-je » ? PUF, 1979.

KERGOAT D., Les ouvrières, Paris, Le Sycomore, coll. Actuels, 1982.

LALEYE I-P., PANHUYS H., VERHELST TH., ZAOUAL H., *Organisations économiques et cultures africaines*, Paris, L'Harmattan, 1996.

LALLEMENT M., *Sociologie des relations professionnelles*, Paris, Broché, 1995.

LEHNISCA J - P., *La communication dans l'entreprise*, Paris, PUF, 5e édition, 2003.

LEMAINE N., Les cultures d'entreprise, *Revue française de gestion,* p 47 - 48, Septembre, 1984.

LE MOIGNE J-L., *Les systèmes de décision dans les organisations,* Paris, PUF, 1974.

LINART D., Quels changements dans l'entreprise ? *Cahiers de recherche du GIP Mutations industrielles*, n°39 mars 1990.

LINART D., *La modernisation des entreprises*, Paris, Ed. La Découverte, 1994.

LINART D., Le taylorisme n'est pas mort, *Sciences humaines*, n° 38, avril 1994.

MARTY M.O., TIXIER P.E., SAINSAULIEU R., *Analyse sociologique des conditions de travail*, Montrouge, Éditions ANACT, 1981.

MORIN P., *La grande mutation du travail et de l'emploi*, Ed. D'organisation, Paris, 1994.

NOIRIEL G., *Les ouvriers dans la société française*, Paris, Le Seuil, 1986.

OSTIGUY D., *Les réseaux d'entreprises familiales à Douala au Cameroun*, Montréal, Mémoire (MSC), École des Hautes Études commerciales, 1996.

PIOTET F., SAINSAULIEU R., UHALDE M., *Méthodes pour une sociologie de l'entreprise*, Paris, Presses de Sciences Po, 1995.

REYNAUD J-D., *Sociologie des conflits du travail*, Paris, PUF, Coll. « Que sais-je » ? 1982.

ROT G., *Sociologie de l'atelier. Renault, le travail ouvrier et le sociologue*, Paris, Octarès, Coll. « Travail et activité humaine »,

SMOFF J., "Class, class, conflict and the strate in Africa", *Political Science Quaterly*, 97 (1), 105 - 127, 1982.

SCHWATZ O., *Le monde privé des ouvriers. Hommes et femmes du Nord*, Paris, PUF, 1990.

SEGRESTIN D., *Sociologie de l'entreprise*, Paris, Broché, 1997.

THEVENET M., *Impliquer les personnes dans l'entreprise*, Paris, Éditions Liaisons, 1992.

TOURAINE A., *La conscience ouvrière*, Paris, Le Seuil, 1965.

TOURAINE A., DUBET F., WIEVIORKA., *Mouvement ouvrier, Paris, Fayard, 1984.*

VERRET M., *Le travail ouvrier*, Paris, Armand Colin, 1982.

WILLIS P., *L'École des ouvriers. Comment les enfants d'ouvriers obtiennent des boulots d'ouvriers, Paris, Éditions Agone, Coll. « L'ordre des choses », 2011.*

WEIL S., *La condition ouvrière*, P

Analyse des déterminants de la demande de monnaie en République Démocratique du Congo

Janvier EGUDRA NYADRI
Assistant et Chercheur engagé
Faculté des Sciences Économiques et de Gestion
Université de Kisangani
=RDC=

1- Énoncé du problème

En approfondissant l'explication de la troisième fonction (celle de réserve de valeur) de la monnaie, se découvre le fondement le plus important de la demande de monnaie. Contrairement aux auteurs classiques pour lesquels la monnaie remplissait avant tout les deux premières fonctions à savoir, moyen de paiement et unité de compte, et n'était pas désirée pour elle-même, il est devenu clair, pour les économistes du XXe siècle, que la monnaie n'est pas seulement demandée pour être immédiatement dépensée, mais aussi en vue d'être conservée plus ou moins longtemps (Elizabeth Bucacos, 2008). En ce sens, la demande de monnaie au cours d'une certaine période de temps est le montant des sommes acquises pendant cette période, qu'un agent économique choisit de conserver sous forme liquide. Il y a alors « constitution d'encaisse », dont la détention se justifie exclusivement par sa liquidité.

Dans la littérature keynésienne par ailleurs, trois motifs expliquent pourquoi les agents économiques préfèrent garder sous forme liquide une certaine fraction de leurs avoirs dont notamment le motif de transaction, le motif de précaution et le motif de spéculation. Si ces motifs de la préférence pour la liquidité expliquent la demande de monnaie, ils indiquent aussi quels sont les facteurs ou déterminants économiques qui font varier cette demande, ainsi que le sens dans lequel ils agissent (Hilde C. Bjornland, 2004).

Ainsi, John Maynard KEYNES, auteur de cette analyse, identifie deux facteurs : d'une part le taux d'intérêt, et d'autre part le revenu. Par le niveau du taux d'intérêt, l'auteur postule que cette variable influence négativement la demande de monnaie. Le niveau du revenu par contre influence positivement la demande de monnaie. Plus il est élevé, plus importants sont en effet les divers achats de biens de consommation et autres, et donc plus grande est la quantité de monnaie qu'il faut détenir pour faire ces transactions.

Dans le cadre de cette étude menée au moyen des séries chronologiques de la Banque Centrale du Congo, la fonction de demande de monnaie apparait comme un instrument d'analyse économique particulièrement important dans la mesure où elle permet, grâce à la modélisation de demande des encaisses réelles, de déterminer un taux de croissance de la masse monétaire qui soit compatible avec les objectifs de stabilité des prix et de croissance du revenu réel. Cela, sous réserve de la vérification de l'hypothèse de stabilité dans un horizon à court et à long terme de la relation étudiée. Ce faisant, lorsque la stabilité du modèle est avérée, une bonne spécification de la demande de monnaie peut également fournir des informations utiles concernant les mesures de l'excédent ou du déficit de liquidité dans l'économie (Bulletin mensuel de la BCE, mai 2001).

En République Démocratique du Congo, il existe une forte corrélation entre le niveau de développement et celui de son système financier. Les innovations qui émergent dans le système financier en matière d'instruments financiers affectent particulièrement les agrégats monétaires dans les plus larges mesures. Par ailleurs, l'histoire de son système financier ainsi que celle de son économie est particulièrement liée à celle de la naissance et du développement de la monnaie nationale. Avant le décret du 27 juillet 1887 instituant le « franc » comme unité de compte (rapport annuel BCC 2005), les transactions se dénouaient en nature, en raison sans doute du faible niveau de l'activité économique de l'époque. Aussitôt qu'elle entre en contact avec l'extérieur, d'autres instruments d'échanges apparurent tels, les cauris, les tissus et les perles de fabrication européenne, le laiton d'origine européenne et le sel importé. C'est avec l'indépendance qu'elle voudra affirmer son autonomie, en lançant sur le marché la monnaie fiduciaire.

Ainsi, l'objectif de cette dissertation consiste à identifier les déterminants de la demande de monnaie en République Démocratique du Congo de 1960 à 2015. Au regard de cet objectif qui exprime l'essentiel de la préoccupation de cette étude, l'hypothèse de la recherche soutient que la demande réelle de monnaie serait déterminée par le revenu réel, le taux d'inflation, le taux de dépréciation du taux de change et le taux d'intérêt nominal à court terme.

2- Méthodologie

L'objectif de l'étude ayant consisté à identifier les déterminants de la demande de monnaie en République Démocratique du Congo de 1960 à 2015, sa matérialisation par ailleurs a été opérationnalisée au moyen d'un certain nombre de concepts apparentés dont les contenus sémantiques méritent d'être esquissés en vue d'une meilleure intellection. Parmi ces concepts, nous pouvons par exemple élucider :

- **Le taux d'inflation**, calculé en termes de variations de l'indice des prix à la consommation, est capté par le biais du logarithme népérien de cet indicateur des prix intérieurs (lipc). Ce dernier fournit une approximation du coût d'opportunité de la détention de la monnaie dans un environnement inflationniste.

- **Le taux de dépréciation du taux de change**, mesuré sur base du rapport des logarithmes népériens du taux de change nominal du CDF par rapport au dollar américain entre deux périodes, donne une approximation de la dépréciation du taux de change nominal (ltx_c) et le niveau de dollarisation de l'économie ou phénomène de substitution monétaire entre la monnaie locale et les devises étrangères. La dollarisation de l'économie congolaise est expliquée aussi par l'importance du marché parallèle des changes par rapport au marché officiel interbancaire. Cette situation remonte à la fin des années

1970 où le pays était confronté à une forte détérioration de sa compétitivité et un large déficit du compte courant extérieur. Ce qui a justifié une série des dévaluations en 1967, 1979, 1983, 1998 et 2001 pour tenter de restaurer la compétitivité des entreprises.

▪ **Le taux d'intérêt directeur nominal à court terme**, en tant que taux de base (tx_int), mesure le loyer de l'argent appliqué aux banques commerciales pour les opérations de refinancement auprès de la Banque Centrale. Ce taux est exprimé en niveau.

Quant à la méthode d'analyse, le travail utilise la technique d'analyse documentaire par le recours aux ouvrages, documents, condensés et rapports en appui de l'analyse de la co-intégration de la fonction de la demande de monnaie pour la RDC, suivant l'approche de Johansen.

2.1 Présentation des résultats empiriques.

Depuis son accession à sa souveraineté, la RDC a connu trois grandes phases de croissance soutenue. Ces trois phases couvrent les sous-périodes 1961-66, 1969-74 et 2002-2015 au cours desquelles le taux de croissance du PIB réel a connu une progression moyenne annuelle qui est restée plafonnée autour de 6,0 %. Entre ces trois principales phases de croissance, il s'est observé une embellie à 1,8 % en moyenne annuelle entre 1979 et 1988, après un fléchissement de l'activité autour de -6,0 % au cours de la sous-période 1975-78. Par la suite, le pays a été confronté à la plus longue période de récession de son histoire de 1989 à 2001.

Cette situation résulte de l'instabilité sociopolitique quasi structurelle aggravée par les pillages à grande échelle des ressources du sol et du sous-sol ainsi que des conflits armés à répétition. Cette époque trouble a contribué à plomber la croissance économique, laquelle a évolué négativement, s'établissant autour de -5,4 % en moyenne annuelle. Dans le même temps, la hausse du niveau général des prix s'est accélérée pour se transformer en une hyperinflation qui s'est inscrite dans la durée au cours de la période 1989-96.

En effet, cette période a été particulièrement marquée par une augmentation en glissement annuel des prix des biens et services sur le marché de 3.524,0 %, dont le pic a été atteint en 1994 avec une inflation de près de 10 000 %. Dès lors, le profil de l'économie dans son ensemble a été caractérisé, notamment par l'effondrement total des activités productives, la dégradation des infrastructures économiques, l'absence des politiques économiques et sociales cohérentes, ainsi que l'accumulation des arriérés de la dette extérieure vis-à-vis de la communauté financière internationale.

Au plan financier, il en a résulté la quasi-faillite du système bancaire plombé par les pertes d'exploitation engendrées par la baisse du niveau d'activité et la persistance de l'hyperinflation. Dans ce contexte, le gouvernement a abandonné les efforts d'ajustements macroéconomiques. Dès lors, l'augmentation du déficit chronique du Trésor, financé par les avances du système bancaire, a continué à alimenter l'hyperinflation, privant ainsi le secteur privé du bénéfice du financement intérieur.

À titre de rappel, les créances du système bancaire sur l'État, qui ont constitué la principale contrepartie de la masse monétaire sur la période 1989-96, ont représenté près de 82,0 % du crédit intérieur. La masse monétaire au sens large (M_2) a enregistré une augmentation moyenne de 713,2 %. Cette forte croissance, sans contrepartie réelle en termes de création des richesses, a abouti à une forte dollarisation de l'économie consécutive à l'hyperinflation et une dépréciation sans précédent de la monnaie nationale avoisinant 99,0 % l'an.

Parallèlement, la situation des comptes extérieurs a continué à se détériorer au regard d'un déficit global moyen atteignant près de 10,0 % du PIB et financé essentiellement par l'accumulation des arriérés au titre du service de la dette extérieure. Ce tableau peu reluisant de principaux indicateurs macroéconomiques a engendré un taux de chômage avoisinant 75,0 % de la population active, une sous-capitalisation des entreprises publiques, un vieillissement de l'outil de production et d'énormes problèmes internes de gestion.

Il en a résulté des difficultés d'approvisionnement en produits de première nécessité, principalement en carburant, suite à l'insuffisance de devises dans l'économie. Après cette sombre période, un retournement de tendance a été amorcé à partir du second semestre 2001, à la faveur de la reprise de la coopération avec la communauté financière internationale. Cette initiative a été prise par les nouvelles autorités congolaises à l'issue des changements institutionnels intervenus au sommet de l'État. C'est dans ce contexte que les autorités du pays se sont engagées à mettre en œuvre des réformes économiques de grande envergure avec l'appui des services du Fonds Monétaire International (FMI) et de la Banque Mondiale.

Ces réformes ont visé globalement la restauration d'une gestion macroéconomique orthodoxe dans le cadre de programmes économiques et financiers du gouvernement. Ces programmes se sont traduits par la mise en œuvre du Programme Intérimaire Renforcé (PIR) et du Programme Économique du Gouvernement (PEG), lesquels ont été exécuté, respectivement, de juin 2001 à mars 2002 et d'avril 2002 à mars 2006. Ces programmes ont permis à la RDC de casser l'hyperinflation, de stabiliser le taux de change, de réduire le déficit du compte courant extérieur et de résoudre le problème des arriérés de la dette extérieure en accédant au point de décision de l'Initiative Pays Pauvres Très Endettés (PPTE) Renforcée en juillet 2003.

Toutes ces initiatives ont redoré l'image du pays à l'extérieur tout en favorisant la mise en place d'un environnement propice à la reprise des activités économiques en 2002. À partir de cette année jusqu'à la date la plus récente, la croissance économique n'a cessé de progresser à un rythme moyen annuel de 6,0 % et l'inflation est en net repli autour d'une moyenne de 14,5 %. Cependant, en dépit de cette baisse de l'inflation, la tendance d'ensemble de l'économie est restée marquée par une forte volatilité des prix et la persistance de la dollarisation.

En effet, le taux de dollarisation, estimé à partir du rapport entre les liquidités en monnaies étrangères et l'ensemble de tous les moyens de paiement de l'économie, continue à augmenter. Il est passé de 83,0 % à 87,0 %, entre 2002 et 2007. De même, sur la base du rapport entre les dépôts bancaires en devises et la masse monétaire, déduction faite des devises flottantes, c'est-à-dire les devises détenues hors du système bancaire par le public, le taux de dollarisation continue de s'accentuer. Il s'est établi à 51,4 % en 2007 contre 36,4 % en 2002. Tous ces événements doivent avoir modifié fondamentalement le comportement de différents déterminants de la demande de monnaie.

2.2. Modélisation de la demande de monnaie

La modélisation de la demande de monnaie en RDC dispose de très peu d'études quantitatives en raison des difficultés liées au caractère relativement court des séries chronologiques et de nombreuses mutations structurelles que le pays a connues aussi bien sur le plan politique, économique que social depuis son indépendance, en 1960.

Ces changements, imputables à une succession des crises politiques, sont à l'origine de l'affaiblissement de l'ensemble de l'appareil statistique du pays avec comme conséquence une absence totale d'un indice de production industrielle qui pourrait être utilisé comme Proxy du PIB en volume en tant que principale variable d'échelle pour des analyses infra-annuelles.

Pour permettre aux lecteurs de mieux comprendre les relations sous-tendant la demande réelle de monnaie et ses principaux déterminants, une présentation du contexte général de l'environnement macroéconomique de la RDC, depuis son accession à sa souveraineté nationale jusqu'à la période la plus récente, s'avère nécessaire.

a) Aperçu de la situation macroéconomique de la RDC de 1960 à ce jour

- **Formulation du modèle et construction des variables**

L'étude porte sur un échantillon des séries annuelles couvrant la période de 1959 à 2015. La spécification de la fonction de la demande de monnaie pour la RDC s'inspire de la forme générale de demande de monnaie selon l'optique de l'économie ouverte utilisée par S. Sriram (2000). La forme structurelle générale du modèle se présente comme suit :

M2/P = f(PIBCONST, IPC, ΔTX_C, TX_INT) (1.0)

où

M2/P = Encaisses monétaires réelles ;

PIBCONST = PIB en volume ;

IPC = Indice général des prix à la consommation ;

ΔTX_C = Taux de dépréciation du taux de change ;

TX_INT = Taux d'intérêt nominal à court terme.

Comme on peut le constater, cette forme structurelle comprend un agrégat monétaire, une variable d'échelle et des variables de coût d'opportunité de la détention de la monnaie.

- **Agrégat monétaire**

L'agrégat monétaire utilisé dans le cadre de cette étude c'est le stock de monnaie au sens large (M_2) qui prend en compte l'ensemble d'actifs liquide et quasi liquide qu'offre le système financier du pays. Il s'agit de la masse monétaire au sens large en vue de répondre à la fois aux besoins de paiements et de réserve de valeur. Concrètement, la variable M_2/P est mesurée en logarithme népérien de la masse monétaire réelle (lm2r). La variable originale M_2 est exprimée en millions de CDF.

- **Les variables indicatrices**

Deux variables indicatrices sont également intégrées dans le modèle. Il s'agit de Dum01, qui prend la valeur 1 pour la sous-période 1974-2004 (et 0 sinon) et Dum02 qui prend la valeur 1 de 1985 à 2004 (et 0 sinon). Dum01 est destiné à capter la rupture intervenue dans la tendance des séries des variables à la suite des changements des politiques économiques poursuivies par les autorités ou encore des événements imprévisibles.

Ces mesures de politiques économiques prises par le gouvernement, ainsi que certains événements imprévisibles ont entraîné l'économie dans une spirale de régression économique sans précédent. Il s'agit notamment de (i) la nationalisation de la plus grande compagnie minière de la RDC, l'Union Minière du Haut Katanga (actuellement Gécamines), en 1967 et de bon nombre d'entreprises du secteur privé détenues par les expatriés sous le vocable de la « Zaïrianisation » en 1973 ; (ii) de deux guerres du Shaba (actuellement province du Katanga) des années 1977-78, qui ont eu pour conséquence de fragiliser la capacité de production de la Gécamines ; (iii) de l'échec de la tentative d'industrialisation à travers les grands projets de « joint-venture » des années 1980[5] ; (iv) du processus de démocratisation des années 1990, qui est à l'origine de la crise des années 1991-97, laquelle a engendré l'hyperinflation et la chute du régime Mobutu, etc.... Tous ces événements ont accru l'instabilité du système bancaire et affecté, à de degrés divers, la demande de monnaie.

---

[5] La politique africaine de la Belgique à l'épreuve : les relations belgo-zaïroises, in « Les Cahiers du CEDAF » n° 5, août 1985.

Par contre, la variable Dum02 a été introduite dans le modèle pour améliorer les propriétés statistiques des résidus (Isabelle Caboret et autres 2004). Ainsi, Dm02 prendra la valeur 1 pour la sous-période 1985-2004 (et 0 sinon). Cette description des données permet d'adopter la forme générale de l'équation de la demande de monnaie pour l'économie de la RDC qui se présentera comme suit :

$$LM2r = a_0 + a_1*LPIBCONST + a_2*LIPC + a_3*LTX\_C + a_4*TX\_INT + a_5*DUM01 + a_6*DUM02 + e_t \quad (1.1.)$$

Les signes attendus des coefficients des variables explicatives du modèle sont : (i) positif pour la relation entre la demande réelle de monnaie et le revenu réel ($a_1 > 0$) où a_1 est l'élasticité-revenu de la demande de monnaie ; (ii) négatif pour le taux d'inflation ($a_2<0$) où a_2 est l'élasticité-prix par rapport à la demande de monnaie ; (iii) négatif pour le taux de dépréciation du taux de change ($a_3 < 0$) et le taux d'intérêt de base ($a_4<0$) où est a_4 la semi-élasticité du taux d'intérêt par rapport à la demande de monnaie ; (iv) pour les variables indicatrices, on s'attend à ce que les effets combinés des politiques macroéconomiques discrétionnaires et la persistance de l'hyperinflation sur une longue période exercent un effet négatif sur la demande de monnaie.

Par ailleurs, il sied de relever que ce modèle de l'économie ouverte devrait contenir une variable susceptible d'appréhender l'effet du taux d'intérêt du reste du monde. Mais, nous avons jugé ce choix inopportun compte tenu de l'étroitesse du système financier congolais, lequel se retrouvant dans sa phase de restructuration amorcée depuis l'année 2002, reste déconnecté des marchés financiers internationaux. Dès lors, l'incidence du taux d'intérêt du reste du monde devra avoir un effet limité sur la demande de monnaie à la lumière du faible développement du système financier de la RDC.

b) Relations entre variables du modèle

À la lumière du graphique 09 en annexe, retraçant les liens de causalité existant entre les différentes variables du modèle par rapport à la demande réelle de monnaie, on peut observer l'évidence empirique selon laquelle les encaisses réelles sont corrélées positivement au revenu réel. De même, le taux d'inflation, la dépréciation du taux de change et le taux d'intérêt nominal sont liés à la demande de monnaie par une relation négative.

c) Test de la racine unitaire et ordre d'intégration des variables

L'ordre d'intégration des variables du modèle est vérifié à l'aide des résultats de tests usuels de Dickey-Fuller Augmentés (ADF) de la racine unitaire, repris dans le tableau 1 en annexe, conformément à la stratégie de test séquentiel préconisée par Harvey (2002). Il appert que les variables lm2r, lpibconst, lipc, ltx_c et tx_int ne sont pas stationnaires en niveau. Elles le deviennent en différence première. Elles sont donc I(1), c'est-à-dire intégrées d'ordre un.

Cependant, il importe de relever qu'à part la variable lpibconst pour laquelle l'hypothèse nulle de la présence de la racine unitaire n'est rejetée qu'au seuil de signification de 5 % et 10 % respectivement, cette hypothèse est refusée à tous les seuils de significativité pour le reste des variables du modèle. Par conséquent, la technique de co-intégration est appropriée pour estimer la fonction de la demande de monnaie pour l'économie de la RDC. Cette estimation se fera à l'aide d'un système Vectoriel à

Correction d'Erreur (VECM) en utilisant l'approche préconisée par Johansen (1988), étant donné que les séries sont I(1).

3- Résultats de l'estimation

3.1. Estimation de la fonction de long terme

L'analyse du modèle de long terme permet de déterminer l'existence de vecteurs de co-intégration parmi les séries non stationnaires de différents déterminants de la demande de monnaie. Si au moins un vecteur de co-intégration est identifié, une relation stationnaire de long terme peut être appliquée. Ainsi, l'équation de long terme est caractérisée par une estimation des séries non stationnaires.

3.2. Test de co-intégration

En dépit du nombre relativement réduit d'observations (57), la procédure de Johansen a été utilisée pour tester le nombre de relations de co-intégration existant dans la fonction de demande de monnaie à long terme. Le modèle approprié pour cette fonction a été déterminé de façon séquentielle à partir du système de Vecteur Autorégressif (VAR) sans restriction à 5 retards. Au terme de quelques itérations, le système VAR à 3 retards (p=3) a été retenu.

À la lumière des résultats du test de co-intégration, lesquels renseignent l'existence d'au plus un vecteur de co-intégration, notamment au regard des statistiques de la valeur propre maximale de Eigen (λ_{max}) et du test de la Trace (λ_{trace}), l'hypothèse nulle de l'existence d'aucun vecteur de co-intégration est rejetée au seuil de significativité de 5 %. Ce qui implique l'acceptation d'au plus cette unique relation de co-intégration (Tableau 2 en annexe).

3.3. Tests de consistance des paramètres

Sur le plan de l'inférence statistique, tous les paramètres des variables explicatives de la demande de monnaie ainsi que ceux des variables indicatrices sont globalement significativement différents de zéro au seuil de 5 %. Il n'y a pas de présence éventuelle de l'autocorrélation sérielle dans le vecteur des résidus du modèle, à la lumière du test du Multiplicateur de Lagrange (LM) pour lequel la probabilité limite est de loin supérieure au seuil critique de 5 % pour l'ordre 3 du système VECM. Ainsi, l'hypothèse nulle est acceptée à plus de 95,6 % contre le rejet de l'autocorrélation des résidus.

De même, le test de normalité est valide dans ce sens que la comparaison du comportement des résidus multivariés entre le 2e et le 3e moment dans la chronique de l'ensemble des variables endogènes du modèle montre des déviations au sens de la statistique de Jarque Bera (cf. annexes) indiquant que le seuil de significativité varie entre 20,9 % et 51,6 % pour une probabilité limite de 5,0 % . En conséquence, l'hypothèse nulle de l'acceptation d'une distribution normale des résidus multivariés est acceptée au seuil de significativité de 5 % contre l'hypothèse alternative, comme l'illustre le graphique 14 en annexe.

Par ailleurs, le caractère optimal du vecteur des variances a été confirmé par l'acceptation de l'hypothèse nulle de l'absence de l'hétéroscédasticité, selon l'option de White. Ce qui ne laisse pas planer de doute quant à l'éventualité d'une erreur de spécification dans le modèle. Enfin, la stabilité du système VECM de la demande de monnaie à long terme est plus ou moins avérée au regard du processus autorégressif polynomial des racines inversibles qui sont concentrées dans le cercle du graphique en annexe.

Ce constat est renforcé par le test d'instabilité de Cusum qui montre que sous l'hypothèse nulle, au seuil de significativité de 5 %, l'ensemble des paramètres du modèle sont supposés stables, étant donné que les résidus récursifs demeurent dans la région de confiance, comme l'illustre le graphique 16 en annexe.

À la lumière de tous ces résultats, on peut considérer qu'il ne subsiste pas dans le modèle de problèmes majeurs du point de vue économétrique. Il y a lieu de conclure, qu'au regard des critères de validité d'un modèle, tels que prônés par Hendry et Richard (1983), la fonction de demande de monnaie à long terme pour la RDC peut être utilisée comme un outil d'analyse dans la gestion de la politique monétaire par la Banque Centrale.

3.4. Analyse de coefficients

Les signes des coefficients estimés de l'équation à long terme sont conformes aux fondements théoriques de la fonction de demande de monnaie. En effet, le revenu réel est corrélé positivement aux encaisses monétaires réelles confirmant ainsi la nécessité d'adapter la croissance monétaire à l'augmentation du potentiel de l'économie via l'expansion des revenus des ménages et des entreprises. Parallèlement, le taux d'inflation, le taux de dépréciation de la monnaie nationale et le taux d'intérêt nominal de base ont des signes négatifs conformément aux hypothèses a priori.

Les résultats de l'estimation de l'équation de long terme font ressortir une élasticité-revenus qui est supérieure à l'unité, soit 3,5, alors que la théorie quantitative de la monnaie situe cet indicateur autour de l'unité. Ce constat pour la RDC traduit une croissance plus importante de la masse monétaire par rapport au revenu et d'une prévalence d'un sous-développement du secteur financier dans l'économie. La valeur élevée de l'élasticité a été particulièrement influencée par le trend ascendant de la vitesse de circulation de la monnaie, au cours de la période de 1973 à 1994.

Cette évolution haussière peut être expliquée par une progression de l'inflation à un rythme moyen annuel de 36,2 %, à la suite des déficits budgétaires particulièrement élevés de l'ordre de 8,0 % du PIB en moyenne annuelle. La monétisation de ces déficits est à l'origine d'une croissance monétaire en valeur nominale supérieure à 675,0 % au cours de la même période. Cela montre à suffisance que la vitesse de circulation de M_2 réelle est positivement corrélée à l'inflation. Sur le plan pratique, cela s'observe aisément lorsque l'inflation augmente, les gens se débarrassent de la monnaie locale pour acquérir des actifs réels ou des devises. Il s'ensuit alors une baisse des encaisses réelle, laquelle va induire une augmentation de la vitesse de circulation de la monnaie.

Un autre facteur explicatif du niveau élevé de l'élasticité-revenu est lié à une des caractéristiques propres à des pays se trouvant encore au premier stade de développement, à savoir la RDC est caractérisée par la quasi-absence des infrastructures de base, un sous-développement du système financier constitué quasi exclusivement de quelques banques qui sont implantées dans les grands centres urbains. Cette situation a pour conséquence le dénouement en espèces d'un volume important des transactions en dehors du système bancaire et la réduction de l'activité des banques à une très petite portion du total de l'intermédiation financière dans l'économie.

De plus, l'évidence de la relation négative entre la demande réelle de monnaie et l'inflation demeure également conforme à la théorie économique. En effet, la persistance de l'inflation engendre un risque réel de perte de pouvoir d'achat due au niveau élevé des prix des biens et services sur le marché. Ce risque se reflète à travers un large coût de transactions sur les actifs réels exprimés en monnaie nationale. Cela explique le niveau élevé de l'élasticité-prix par rapport aux encaisses réelles, soit 1,1, reflétant ainsi l'impact prononcé de l'inflation sur la demande de monnaie.

En d'autres termes, le coût de la détention de la monnaie en RDC reste très élevé lorsque l'inflation augmente. Dans ces conditions, une hausse des prix sur les marchés des biens et services de 10 % a tendance à augmenter la perte de pouvoir d'achat des détenteurs de la monnaie de 11 % sur l'année. Ce qui accroît la pauvreté et la vulnérabilité des ménages en réduisant la valeur réelle de leurs encaisses tout en exerçant un effet dépressif sur leur propension à épargner. Cet état des choses affecte l'activité économique dans son ensemble à la suite du ralentissement de la consommation.

Ces faits observés sont consécutifs à une longue période d'inflation élevée conjuguée à de larges déséquilibres du compte courant de la balance des paiements et des drastiques dévaluations de la monnaie nationale que le pays a connue particulièrement au cours de la décennie 90 et au début des années 2000. Dans un tel contexte, les anticipations inflationnistes influencent fondamentalement le comportement des agents économiques dans ce sens que les conséquences de l'inflation se sont cristallisées dans la mémoire collective.

Du point de vue de la politique de stabilisation, cette situation a pour implication que l'injection des liquidités additionnelles dans l'économie par la Banque Centrale devra se faire avec extrêmement de prudence au regard du risque pesant sur la stabilité des prix. Par ailleurs, la relative prédominance du taux d'inflation sur le taux de dépréciation du taux de change et le taux d'intérêt, en tant mesure du coût d'opportunité de la détention de la monnaie, résulte de la forte expansion monétaire consécutive au financement du déficit budgétaire par le système bancaire. En effet, au cours de l'ensemble de la période d'analyse, l'inflation a connu une progression moyenne annuelle de 424,8 %.

Compte tenu de la forte corrélation existant entre l'inflation et le taux de change nominal, comme l'illustre le graphique 18 en annexe, on peut observer qu'à des périodes d'inflation élevée correspondent également des mouvements d'affaiblissement significatifs de la monnaie nationale. Ce qui amène les agents économiques à rechercher des valeurs refuges pour se prémunir contre la perte de pouvoir d'achat susceptible d'affecter leurs avoirs monétaires.

Dans ce contexte, le taux de dépréciation du taux de change permet de capter le degré de dollarisation ou de substitution monétaire. Ce phénomène est illustré en RDC par l'utilisation concurrente des monnaies étrangères, notamment le dollar américain et le franc congolais comme unité de compte, réserve des valeurs et intermédiaire dans les échanges. Ce qui explique d'ailleurs que l'élasticité du taux de dépréciation de la monnaie locale par rapport aux encaisses réelles soit assez élevée, soit 0,6. La dollarisation reflète donc une tentative des agents économiques à se protéger contre la persistance de l'inflation dont la conséquence est souvent la perte en capital sur les actifs financiers libellés en monnaie nationale.

Pour ce qui est du coefficient du taux d'intérêt, le signe est négatif dans l'équation de long terme conformément aux attentes. En effet, la relation entre le taux d'intérêt et les encaisses réelles devrait permettre de capter la substitution entre les actifs réels porteurs d'intérêt et les avoirs monétaires. Mais, si le signe attendu du coefficient du taux d'intérêt est négatif, sa valeur reste très proche de zéro, soit 0,02. Dès lors, la relative faiblesse de la semi-élasticité du taux d'intérêt traduit le caractère inopérant de cet indicateur de la politique monétaire dans les transactions entre agents économiques.

Tous ces faits observés confortent l'évidence selon laquelle la variable taux d'intérêt en RDC cesse d'être une variable instrumentale pour la vente et la gestion des titres. Tout calcul économique est fait sur base des fluctuations du taux de change nominal et du comportement du niveau général des prix sur le marché des biens et services. Dans ces conditions, les objectifs de mise à disposition des moyens de paiements à l'économie pour les besoins de la croissance économique et de la stabilité des prix deviennent extrêmement difficiles à concilier pour la Banque Centrale. Cependant, depuis la reprise de la croissance en 2002, il est important de souligner que le système financier de la RDC est en train de se restructurer en vue de répondre aux exigences du développement économique.

Conclusion

L'analyse de la co-intégration de la fonction de la demande de monnaie pour la RDC, suivant l'approche de Johansen, réalisée sur base du modèle de l'économie ouverte, a été menée exclusivement dans une optique de longs termes. Les tests de co-intégration ont confirmé, à l'instar des nombreuses études sur la demande de monnaie menées dans bon nombre des pays en développement, l'évidence empirique selon laquelle la demande réelle de monnaie est déterminée par le revenu réel, le taux d'inflation, le taux de dépréciation du taux de change et le taux d'intérêt nominal à court terme.

D'après les résultats de l'estimation, ce modèle semble bien spécifique en ce sens que les signes attendus ont été vérifiés et le degré de signification des coefficients estimés est acceptable. Il sied de noter aussi que le taux d'inflation et le taux de dépréciation du taux de change exercent une influence négative significative sur la demande réelle de monnaie. Cette relation a été exacerbée par des épisodes historiques que le pays a connu et qui ont été marqués par des cycles de dévaluations monétaires et d'inflation élevées depuis les années 67 jusqu'au début des années 2000. Cette réalité est à la base de la cristallisation de la mémoire inflationniste dans le comportement des agents économiques.

Au moment où nous écrivons ces lignes, le secteur financier congolais est en pleine mutation. La consécration de l'indépendance de la Banque Centrale du Congo par des textes légaux tels que proposés dans le cadre des réformes du système bancaire prévu par le Programme Intérimaire Renforcé depuis l'année 2001 a permis à l'Institut d'Émission de mieux réaliser sa mission relative à la conduite de la politique monétaire et à la stabilisation du cadre macro-économique en dépit des surchauffes actuelles sur l'ensemble du secteur financier de la RDC.

En effet, à partir de la décennie 2000, le système financier congolais est en train de se restructurer en vue de répondre aux exigences du développement économique. Le rythme auquel cette dynamique de réformes se poursuit, il ne fait pas de doute qu'on devrait assister dans les prochaines années à des changements structurels importants susceptibles de modifier fondamentalement la relation entre la demande de monnaie et ses principaux déterminants.

La fonction de la demande de monnaie présente un intérêt considérable dans la mise en œuvre et la conduite de la politique monétaire. En effet, cet instrument d'analyse peut être utilisé en tant qu'indicateur important pour se fixer un objectif d'inflation en tenant compte du niveau d'expansion des liquidités conformément aux besoins de la croissance économique. Toutefois, compte tenu des problèmes de mesures statistiques qui laissent planer certaines incertitudes quant à l'évaluation de la part de la masse monétaire en devises dans une économie « dollarisée » encline au dynamisme du secteur informel, les résultats obtenus dans le cadre de cette étude doivent être interprétés comme une première ébauche au regard des informations disponibles dans le contexte actuel de l'économie de la RDC caractérisé par un appareil statistique assez précaire.

En outre, en se référant aux différents événements auxquels l'économie du pays a été confrontée, notamment les différentes réformes monétaires intervenues dans le secteur financier en 1967, 1979, 1983 et 1998, lesquelles ont profondément affecté la qualité des données statistiques, il n'est pas toujours évident de relever le défi de trouver une relation de la demande de monnaie qui soit stable sur des horizons à court et long termes. C'est pourquoi il est difficile de se prononcer avec certitude sur l'hypothèse d'une instabilité de la fonction de la demande de monnaie compte tenu du caractère relativement court des séries chronologiques utilisées.

D'où, la nécessité de travailler sur des séries des données beaucoup plus longues de manière à enrichir l'analyse et améliorer fiabilité du modèle. Cependant, en attendant que la stabilité de la relation soit confirmée par une autre étude actuellement en chantier et qui porterait sur un échantillon plus large des données mensuelles, la fonction estimée demeure néanmoins un important instrument d'analyse dans la mesure où ce dernier pourrait servir de repères à la politique monétaire dans le cadre des prévisions de croissance des agrégats monétaires compatibles avec le niveau général des prix, le taux de change nominal et le PIB en volume.

Résumé

L'analyse de la demande de monnaie dans un contexte des innovations diverses qui émergent dans le système financier en matière d'instruments financiers implique l'étude des agrégats monétaires particulièrement dans les mesures plus larges. Ainsi par exemple, la demande de monnaie est également, outre les facteurs théoriques reconnus dans la théorie de la préférence à la liquidité, influencée par les capitaux alternatifs disponibles dans l'économie et l'environnement de normalisation dans lesquels le système financier fonctionne. Ainsi, l'objectif de cette dissertation consiste à identifier les déterminants de la demande de monnaie en République Démocratique du Congo de 1960 à 2015. En faisant l'analyse de la co-intégration de la fonction de la demande de monnaie pour la RDC, suivant l'approche de Johansen, réalisée sur base du modèle de l'économie ouverte dans une optique de longs termes, l'étude révèle, à l'instar des nombreuses études sur la demande de monnaie menées dans bon nombre des pays en développement, l'évidence empirique selon laquelle la demande réelle de monnaie est déterminée par le revenu réel, le taux d'inflation, le taux de dépréciation du taux de change et le taux d'intérêt nominal à court terme.

Mots-clés : Demande réelle de la monnaie ; taux d'inflation ; taux d'intérêt directeur, taux de dépréciation du taux de change.

Références bibliographiques

- ''Conference on monetary policy frameworks in Africa'', *Bank for International Settlements, South African Reserve Bank,* Pretoria, South Africa, september 2001.

- « La politique africaine de la Belgique à l'épreuve : Les relations belgo-zaïroises (1978-1984) », in *Les Cahiers du Centre d'Étude et de Documentation Africaine* (CEDAF), n°5, Edition C.A.C.E.A.C., Charleroi, Belgique, août 1985.

- « Modèles de demande de monnaie pour l'agrégat M_3 de la zone euro », *Bulletin Mensuel de la Banque Centrale Européenne,* mai 2001.

- Aaron C. Johnson, Jr, Marvin B. Johnson, Rueben C. Buse, "Econometrics : Basic and applied", *Macmillan Publishing Compagny*, New York, Collier Macmillan Publishers, London, 1989.

- Banque Centrale du Congo « Banque Centrale du Congo une rétrospective historique 55 ans », Kinshasa 2006.

- Elizabeth Bucacos, « Estimating the money demand equation for Uruguay : an exercise involving unit roots, causality, exogeneity, cointegration and error-correction estimation», in *CCBS seminar*, Bank of England.

- Hendry, David F., and Jean-François Richard, « On the formulation of empirical models in dynamic econometrics », in *Journal of Econometrics*, vol.20, n° 1, october 1982.

- Hilde C. Bjornland, « A stable demand for money despite financial crisis: The case of Venezuela », *Department of Economics*, Oslo, Sweden, august 2004.

- Isabelle Cadoret, Catherine Benjamin, Franck Martin, Nadine Herrard, Steven Tanguy, "Econométrie appliquée : Méthodes, applications, corrigés", de *Boeck, Ouvertures Economiques*, Paris, 2004

- Ole Rummel, « Unit roots and cointegration », in *General equilibrium models for monetary policy seminar,*

Centre for Central Banking Studies (CCBS), Bank of England, London, april 2008.

- Régis Bourbonnais et Michel Terraza, « Analyse des séries temporelles: Applications à l'économétrie et à la gestion », *Dunod*, Paris, novembre 2004

- Roland Daumont, Mario de Zamaroczy, Philippe Callier et Bernard Zillier, avec les contributions de Malangu Kabedi Mbuyi, « Programmation financière : Méthodes application à la Tunisie », *Institut du FMI*, 1999, FMI, Washington DC.

- Rushuhuzwa Kigabo Thomas, Barebereho Josianne, Gichondo Ananias, « Demande de monnaie, inflation et conduite de la politique monétaire au Rwanda », in *Revue économique* N° 001, Banque Nationale du Rwanda, juin 2007.

- Subramanian Sivaraman Sriman, « The demand for money in Malasya », *Southern Economist Edition*, Bangalore, India, august 2000.

- William Greene, *Econométrie : Corrigés des exercices*, Édition française dirigée par Didier Schlacther, Nicolas Courdec, Stéphanie Monjon, Pearson Education, Paris, 2005.

- William H. Greene, *Econometric analysis*, fifth edition, Prentice Hall, Pearson Education International, New Jersey, 2003

- William H. Greene, *Econométrie,* 5e édition, Édition française dirigée par Didier Schlacther, Théophile Azomahou, Nicolas Couderc, Stéphanie Monjon, Phu Nguyen Van, Pearson Education France, Paris, 2005

Annexe

Graphique 01. Relations entre la demande de monnaie et ses principaux déterminants

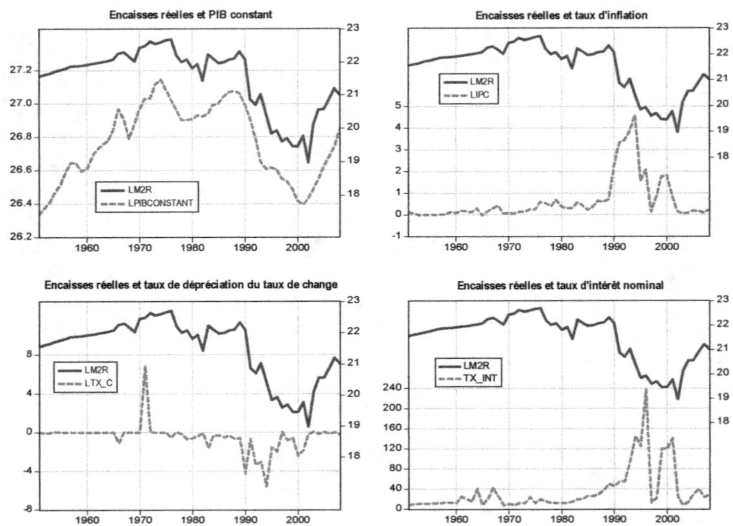

Graphique 2. Masse monétaire réelle et PIB en volume

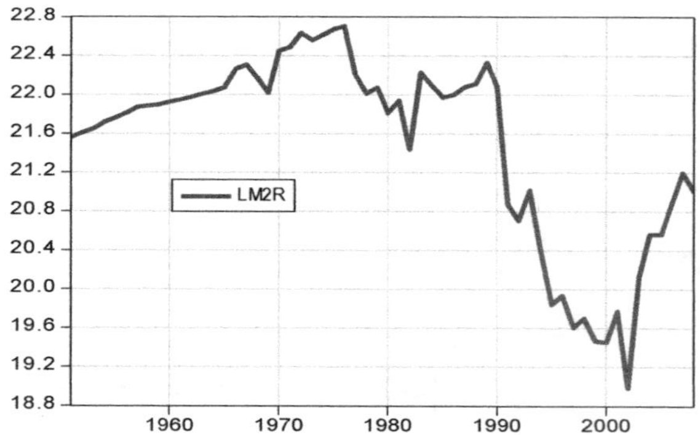

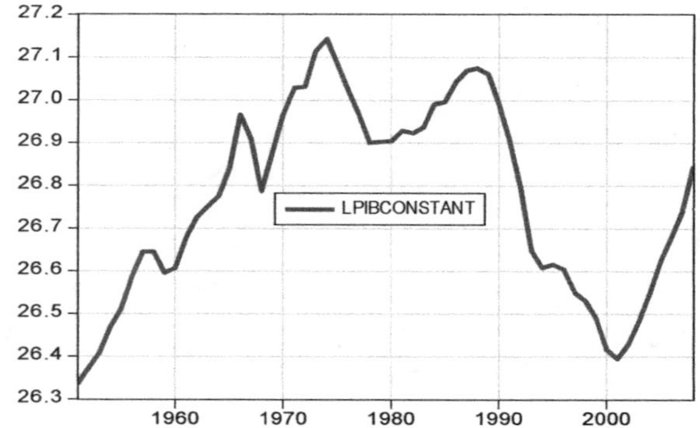

Graphique 3. Taux d'inflation, taux de dépréciation du taux de change et taux d'intérêt

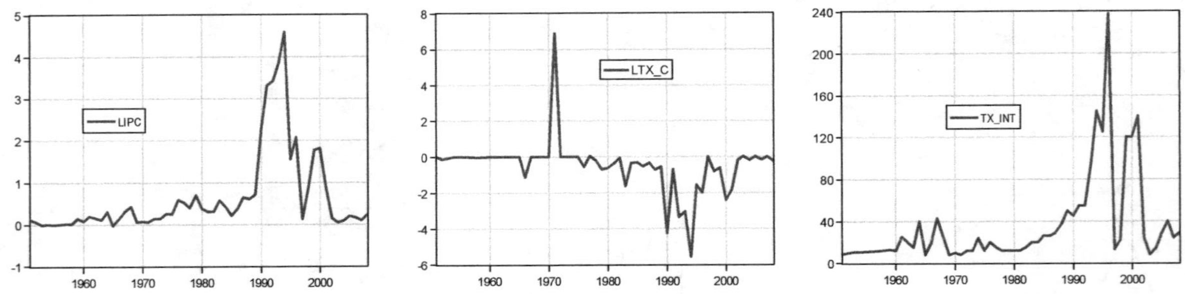

Tableau 1. Résultats de tests de la racine unitaire

Variables	Constante					Constante + trend				
	Statistique	Valeur critique			Retard	Statistique	Valeur critique			Retard
	ADF	1 %	5 %	10 %		ADF	1 %	5 %	10 %	
M2R	-1.4947	-3.5482	-2.9126	-2.5940	1	-2.1698	-4.1243	-3.4892	-3.1731	1
PIBCONSTANT	-2.2057	-3.5482	-2.9126	-2.5940	1	-2.1718	-4.1243	-3.4892	-3.1731	1
IPC	-4.2696	-3.5482	-2.9126	-2.5940	1	-4.3618	-4.1247	-3.4892	-3.1731	1
TX_C	-7.6116	-3.5482	-2.9126	-2.5941	1	-7.5792	-4.1243	-3.4892	-3.1731	1
TX_INT	-4.0079	-3.5482	-2.9126	-2.5940	1	-4.5595	-4.1243	-3.4892	-3.1731	1
LM2R	-1.2924	-3.5482	-2.9126	-2.5940	1	-1.9526	-4.1243	-3.4892	-3.1731	1
LPIBCONSTANT	-2.2581	-3.5482	-2.9126	-2.5940	1	-2.2340	-4.1243	-3.4892	-3.1731	1
LIPC	-2.3901	-3.5482	-2.9126	-2.5940	1	-2.4488	-4.1243	-3.4892	-3.1731	1
LTX_C	-3.1439	-3.5482	-2.9126	-2.5940	1	-3.0974	-4.1611	-3.5063	-3.1830	1
ΔLM2R	**-	-3.5482	-2.9126	-2.5940	1	**-8.2652	-4.1243	-3.4892	-3.1731	1

	8.35482									
ΔLPIBCONSTANT	**-3.7398	-3.5482	-2.9126	-2.5940	1	**-3.6827	-4.1243	-3.4892	-3.1731	1
ΔLIPC	**-8.5611	-3.5482	-2.9126	-2.5940	1	**-8.5107	-4.1243	-3.4892	-3.1731	1
ΔLTX_C	**-13.6324	-3.5482	-2.9126	-2.5940	1	**-13.5150	-4.1243	-3.4892	-3.1731	1
ΔTX_INT	**-7.5816	-3.5482	-2.9126	-2.5940	1	**-7.5625	-4.1243	-3.4892	-3.1731	1

(**) et (*) indiquent le rejet de l'hypothèse nulle de la présence de la racine unitaire au seuil de significativité de 5 % et 1 % respectivement.

Tableau 2. Résultats de tests de co-intégration

***Test de la Trace** Hypothèse nulle	valeur de Eigen	Statistique de la Trace	Valeur critique 0.05	P-value
r = 0	0.80506*	194.2655**	134.6780	0.0000
r ≤ 1	0.6015	119.0522	103.8473	0.0034
r ≤ 2	0.4394	76.9728	60.0614	0.0522
***Test de la valeur propre Maximale de Eigen** Hypothèse nulle	valeur de Eigen	Statistique de la valeur maximale de Eigen		
r = 0	0.80506*	75.21322**	47.0789	0.0000
r ≤ 1	0.60149	42.3221	40.9568	0.0349
r ≤ 2	0.439438	26.62553	34.80587	0.3375

r= nombre de rangs de vecteurs de co-intégration.
(*) Indique le degré de signification au seuil de 5 %.

Tableau 3. Matrices de coeffients de co-intégration

1. Matrice des coefficients

	LM2R	LPIBCONST	LIPC	LTX_C	TX_INT
	0.91603	-3.20112	1.028326	0.49969	0.018775
	0.5898	0.181097	-0.35889	-0.69925	0.012172
	1.70815	-8.29849	-0.83278	0.15574	0.017822
-	-3.0005	12.25301	-0.63032	-0.16883	0.012315
	-0.75603	-2.40166	0.43981	-0.23996	-0.010959

2. Matrice des coefficients ajustés

	ΔLPIBCONST	ΔLIPC	ΔLTX_C	ΔTX_INT
ΔLM2R	-0.14591	-0.16927	0.0044	0.12923
ΔLPIBCONST	-0.01974	-0.001365	0.02448	-0.00557
ΔLIPC	-0.24259	-0.19903	-0.15705	-0.124557
ΔLTX_C	-0.65399	1.19794	0.137564	0.058313
ΔTX_INT	12.25301	-11.74072	-19.06648	-14.15111

Tableau 4. Équation de co-intégration de la demande de monnaie à long terme

VECM CointEQ1 LM2R	Constante	LPIBCONST	LIPC	LTX_C	TX_INT	Dum01	Dum02
	70.26627 (15.6334) (4.49462)	3.4945 (0.58242) (6.0001)	-1.12259 (0.14454) (7.76638)	-0.54550 (0.07866) (6.93504)	-0.020496 (0.00284) (7.20462)	-1.62843 (0.30356) (5.36452)	1.052456 (0.31271) (3.36557)

Graphique 12. Stationnarité de la relation de co-intégration à long terme

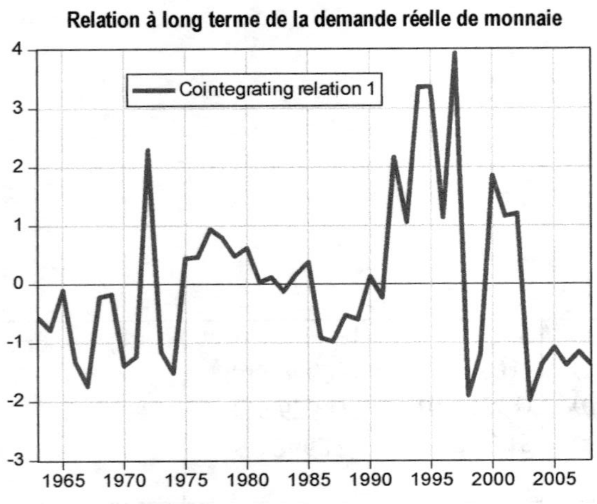

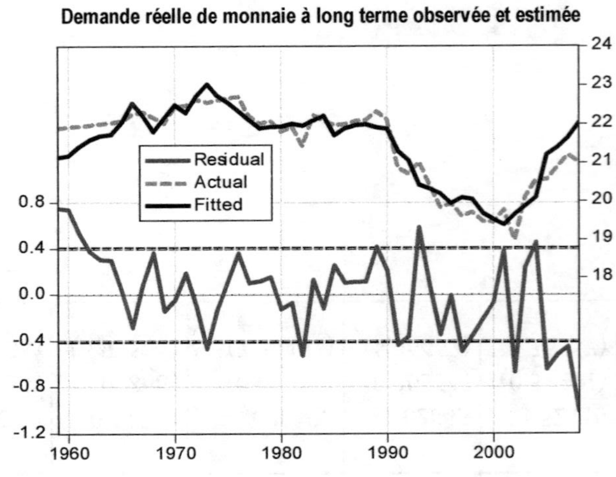

Graphique 13. Autocorrelation des résidus de la fonction de la demande de monnaie à long terme

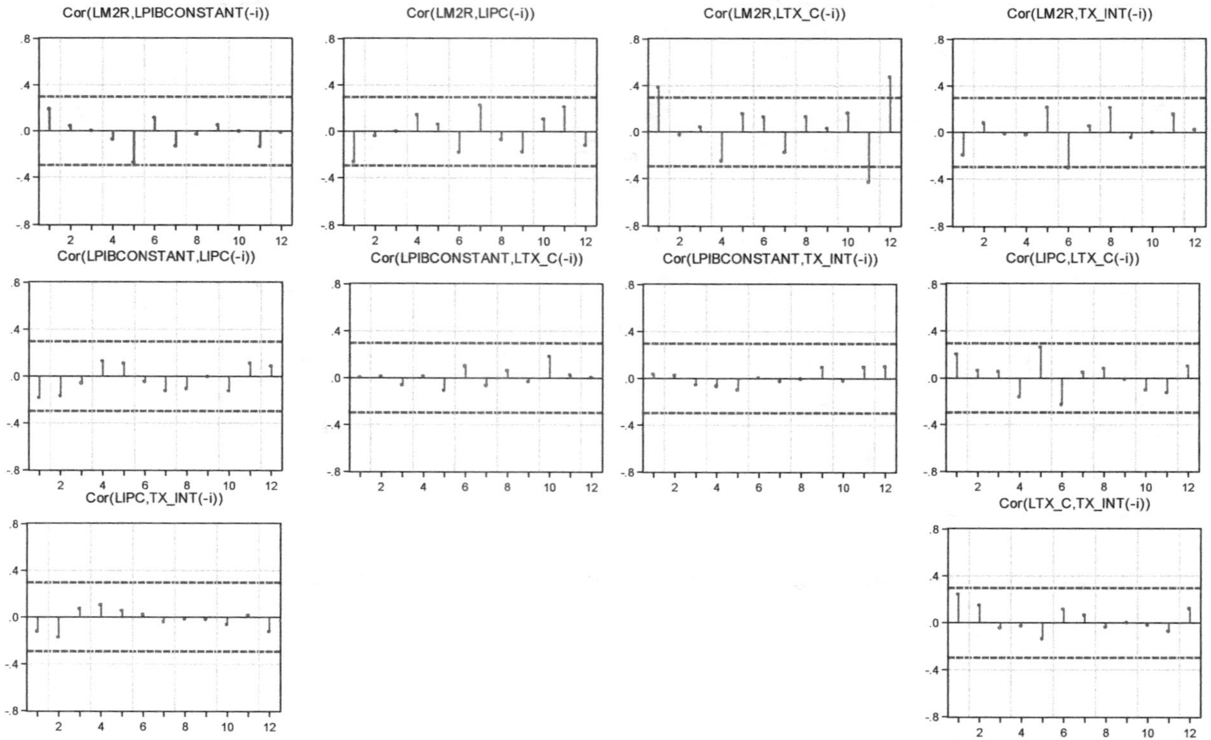

Graphique 14. Test de normalité de la fonction de la demande de monnaie à long terme

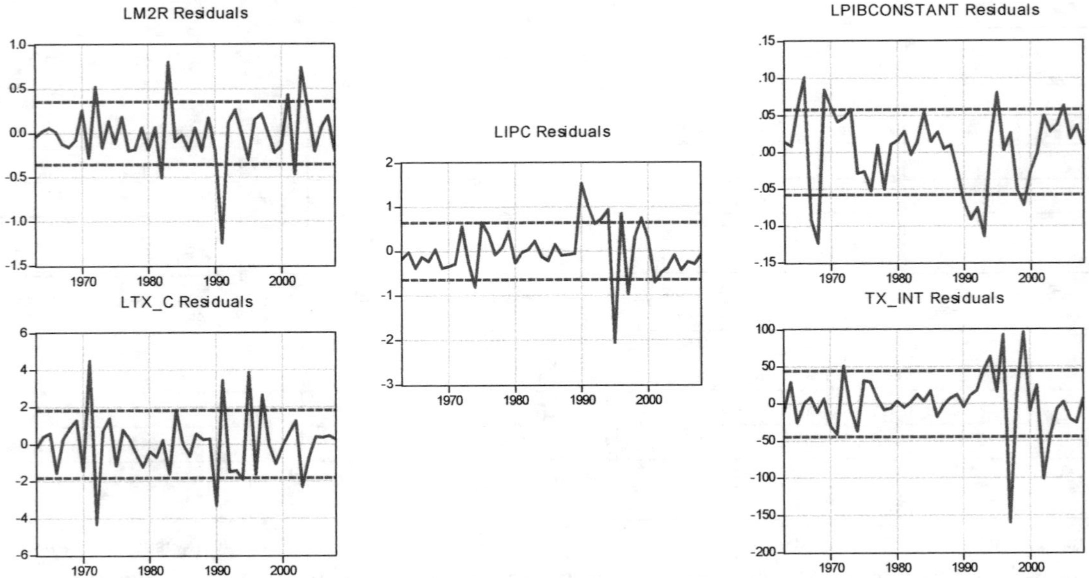

Graphique 15. Stabilité du système VECM de la demande de monnaie à long terme

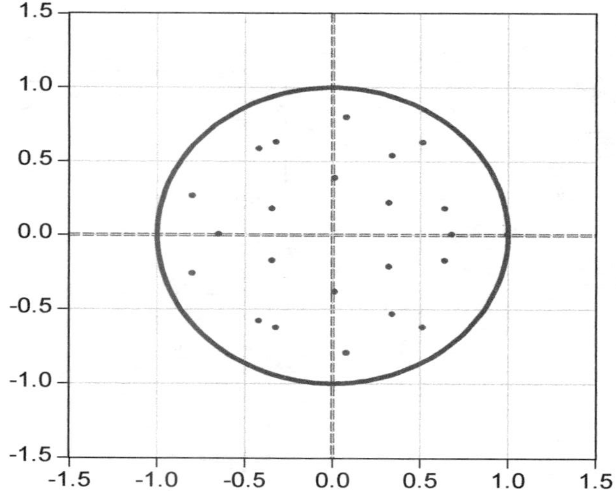

Graphique 16. Stabilité des paramètres c(2) du PIB réel, c(3) du taux d'inflation, c(4) du taux de dépréciation du taux de change et c(5) du taux d'intérêt nominal pour la fonction de la demande de monnaie à long terme

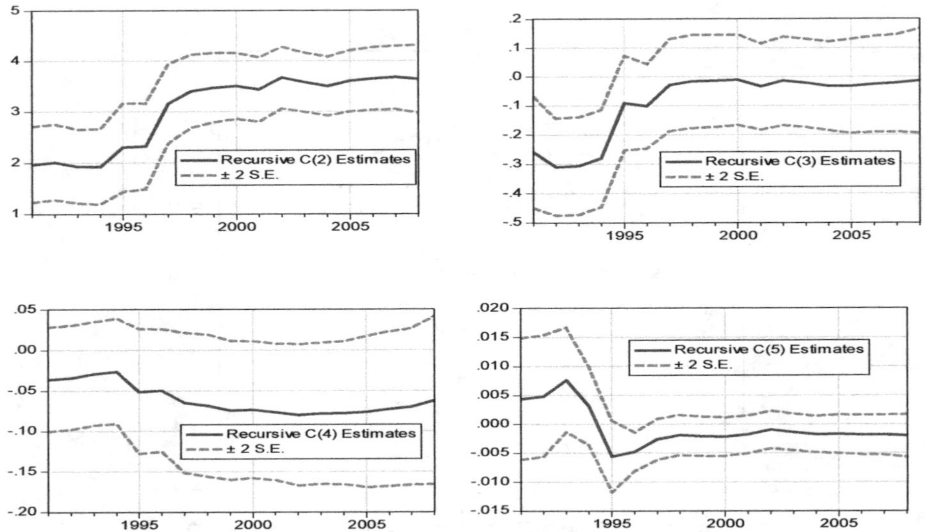

Graphique 17. Vitesse de circulation de la masse monétaire

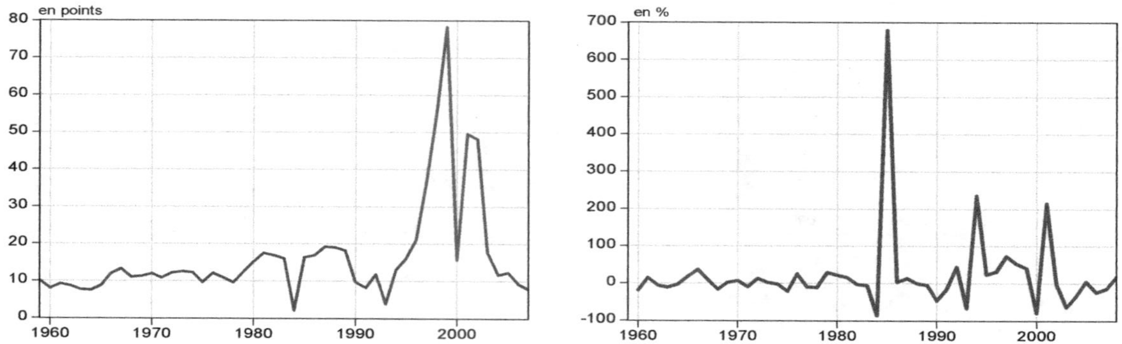

Graphique 18. Corrélation entre le financement monétaire du déficit budgétaire, la dépréciation monétaire et l'inflation

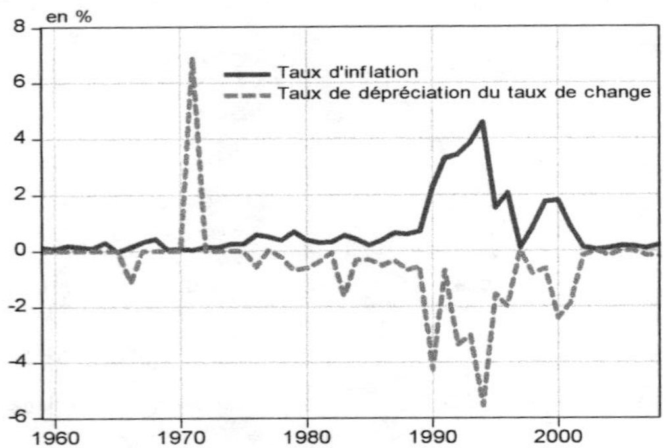

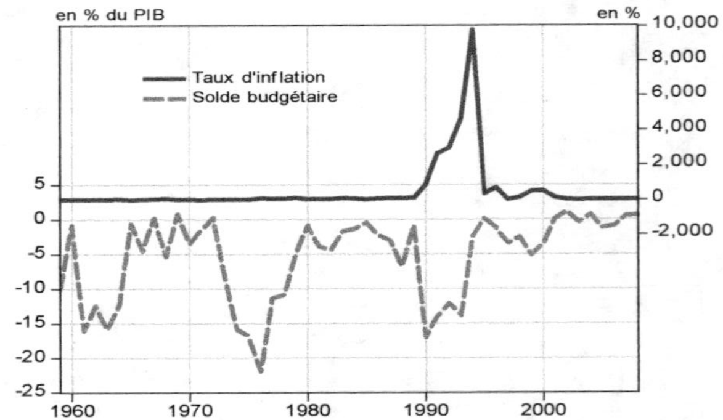

Logements précaires et secteur informel

Dr Claude GARRIER
Docteur en Droit – Expert-comptable
Master en diagnostic des firmes en concurrence internationale

« Je vous disais que le peuple doit se reposer sur sa force ; mais quand le peuple est opprimé, quand il ne lui reste plus que lui-même, celui-là serait un lâche qui ne lui dirait pas de se lever. C'est quand toutes les lois sont violées, c'est quand le despotisme est à son comble, c'est quand on foule aux pieds la bonne foi et la pudeur, que le peuple doit s'insurger. » (Maximilien de Robespierre, « Discours au Club des Jacobins du 26 mai 1793 »[6])

0. Métier et logement

L'ONU-Habitat souhaite voir diminuer le nombre des personnes vivant dans les bidonvilles ; au contraire, on constate une expansion démographique dans les établissements informels des pays en voie de développement. L'ONU-Habitat travaille avec la

[6] Philippe-Joseph-Benjamin Buchez, Prosper Charles Roux, *Histoire parlementaire de la révolution française*, éd. Paulin, Paris, 1793, t. 27, p. 243.

Commission européenne et le Secrétariat, basé à Bruxelles, de l'Afrique, des Caraïbes et du Pacifique (ACP) pour soutenir le développement urbain durable.

Bien des gens ne choisissent pas les conditions dans lesquelles ils vivent, ni le « métier » (bien souvent un bricolage) grâce auquel ils survivent. Le revenu tiré du second impose les premières. Améliorer les conditions de logement, leur en attribuer (imposer) un répondant à un minimum de normes de salubrité, implique :

- De faire en sorte que tous disposent d'un métier d'où tirer un revenu décent, suffisant pour payer le second au prix du marché, ou
- Leur attribuer gratuitement ou presque ce logement qui est alors en totalité subventionné par l'État.

En Côte d'Ivoire, 48,9 % (PNUD) de la population vit sous le seuil de pauvreté, c'est-à-dire avec moins de 450 FCFA par jour (2013). Se pose alors pour l'État le problème du financement de cette subvention. « La Côte d'Ivoire se retrouve en termes de PIB par tête au niveau où le pays était dans les années 1977-78 » (Mamadou Koulibaly). Le PIB par tête en PPA en 2013 est de 1.800 $ (1 084 924 FCFA[7]). En raison de la très grande disparité des revenus, ce chiffre déjà faible n'est pas significatif.

Nota : Selon le rapport de la BCEAO de 2012, seules 18,2 % de la population de Côte d'Ivoire, vivrait sous le seuil de pauvreté relative correspondant à environ 241.145 FCFA.

S'agissant des minuscules commerces implantés au bord des avenues (ou ce qui en tient lieu, crevé de trous,

[7] Soit 2.972 FCFA par jour.

privé des marquages indispensables à une circulation un tant soit peu organisée), ils sont de même démolis par la police, sous l'œil de soldats en arme, casque en tête. Les commerçants fuient ou tentent plus tard de revenir, au risque de plus graves sanctions.

1. Terme de comparaison

Lorsque, sous le règne de Laurent Gbagbo, fut décidée l'éviction du marché du Plateau, les commerçants furent divisés en deux ensembles :

- Ceux qui distribuaient des produits alimentaires (fruits, légumes) ;
- Ceux qui vendaient fournitures de bureau et livres.

Les premiers furent transférés sous un vaste hangar en face de *Carena* sur le boulevard lagunaire, non loin du quartier ébrié ; les seconds furent installés dans deux magasins proches de la *Librairie de France*, au Plateau.

Ils continuent leur activité depuis plus de dix ans dans ces deux emplacements et ne semblent pas avoir à s'en plaindre.

Les expulsions de commerçants informels et d'habitants de logements précaires, entreprises depuis 2012, ne respectent en rien ce principe de réinstallation.

2. Place des logements précaires dans l'habitat d'Abidjan

20 % des habitants du district d'Abidjan vivent dans des logements précaires[8]. ONU-Habitat dénombre 137 quartiers précaires dans les treize communes du district. Ces quartiers couvrent 2% de la superficie du district. Aucune commune n'est exempte, pas même Cocody Résidentiel.

Les 137 quartiers précaires se caractérisent par l'illégalité de l'installation, les espaces non viabilisés, le manque d'infrastructures et d'équipements socio-économiques de base ainsi que des conditions difficiles de vie.

Le nombre des quartiers précaires s'est aggravé puisqu'en 1992, la Direction et contrôle des grands travaux (devenue BNETD) dénombrait moins de 80 quartiers précaires (elle en voyait plus de 72).

49 % des femmes sont non-scolarisées et 36,5 % des hommes. S'ensuivent des revenus maigres très inférieurs au « salaire minimum de 65.000 FCFA » décidé par le gouvernement, soit dans le secteur informel à l'écart des lois sociales, soit en des activités de domestiques peu rémunérées et à la merci d'un licenciement aussi brutal qu'incompatible avec le droit du Travail.

---

[8] UVICOCI (Union des villes et communes de Côte d'Ivoire), « Études des quartiers précaires dans les treize (13) communes du District d'Abidjan et définition des plans de restructuration », 27 novembre 2013, étude exécuté avec l'appui conjoint de *Cities Alliances*, de la Banque Mondiale et du Programme des Nations Unies pour le Développement (PNUD).

Le régime instauré en 2011 par A. D. Ouattara ne se soucie pas de tels « détails ». Il fait expulser les habitants des logements précaires qui sont détruits immédiatement *manu militari*. Les habitants perçoivent une « indemnité de 100.000 FCFA et l'ordre de déguerpir, au motif (parfaitement fondé) que ces logements sont insalubres. Même si une somme de 100.000 FCFA leur est versée, ce n'est pas une solution pour deux raisons au moins :

- Cet argent est dépensé pour une alimentation à peine améliorée, en quelques jours ;
- Les habitants perdent la minuscule activité trouvée près de leur logement ; la plus grande misère s'abat sur eux.

Affirmer que les habitants n'ont qu'à « retourner au village », est une absurdité : l'activité dans les villages est saturée. Le « projet BAD-Ouest qui finança le développement de l'Ouest de la Côte d'Ivoire (région de Man), offrait un financement (outils agricoles à main, bottes, arbustes) aux « jeunes » (jusqu'à quarante ans) déscolarisés qui justifiaient qu'une parcelle leur avait été attribuée ; cette obligation fut le principal obstacle à la réinstallation dans les villages.

Celui dont le minuscule logement a été détruit en présence de forces armées pour contrer toute rébellion éventuelle, n'a d'autres ressources qu'aller un peu plus loin pour reconstruire un logement aussi insalubre.

Si ces expulsions avaient été commises en application d'un projet financé par la Banque Mondiale, cette forme d'indemnisation aurait pu entrainer l'annulation du projet : « L'expérience de la Banque montre que, si elle n'est pas bien organisée, la réinstallation involontaire intervenant dans le cadre des projets de développement engendre souvent de graves problèmes économiques, sociaux et environnementaux : les systèmes de production sont démantelés ; les populations voient leurs moyens de production s'amenuiser ou perdent leurs sources de revenu[9]. » Les autorités ivoiriennes imposent une règle pire que celle qu'envisage la Banque : aucune « réinstallation » n'est proposée.

Logement précaire n'est pas logement gratuit. Se trouve toujours un « propriétaire » pour exiger un loyer, simplement pour laisser planter quatre poteaux.

Il appartient aux autorités municipales, départementales ou à l'État de leur offrir à très faible prix compatible avec leurs maigres revenus, un logement salubre préalablement à une éventuelle expulsion. Il s'agit là d'un effet du principe de « solidarité nationale » mentionné dans le préambule de la constitution française de 1946, repris dans celui de la constitution de 1958 : « La Nation proclame la solidarité et l'égalité de tous les Français devant les charges qui résultent des calamités nationales ». Il figure dans le préambule de la constitution ivoirienne de 2000 : « Le peuple de Côte d'Ivoire, (alinéa 2) Conscient de sa

---

[9] Il y a une quarantaine d'années, la Banque mondiale a annulé un projet au Népal, visant à construire un barrage hydroélectrique : l'État avait expulsé des paysans en leur versant une indemnité financière. La Banque a considéré que les bénéficiaires, peu familiers avec l'argent, l'épargne, et subissant des contraintes permanentes considérables, ne pouvaient pas être déplacés dans ces conditions. Ces gens allaient dépenser cet argent rapidement au lieu de l'employer pour se trouver une nouvelle terre ; ils allaient donc tomber dans la misère. Une directive de la Banque interdit cette pratique : Politique opérationnelle, PO 4.12, décembre 2001, « Réinstallation involontaire de personnes », « Involuntary Resettlement »).
Ce que la Banque mondiale a considéré inacceptable au Népal est pratiqué sans remord par le gouvernement d'A. D. Ouattara.

diversité ethnique, culturelle et religieuse, et désireux de bâtir une nation unie solidaire et prospère ».

3. Place du secteur informel dans l'économie ivoirienne

« En dépit du nombre important d'entreprises modernes et de PME dans la ville, il apparaît nécessaire de souligner la prédominance de l'économie informelle. »

Le directeur général du FMI, Michel Camdessus, déclarait que « le secteur informel est un bon moyen de lutte contre la pauvreté ». Un Programme de lutte contre la pauvreté avait été adopté en 1997.

D'après un rapport national sur le développement humain intitulé « Emploi, changement structurels et développement en Côte d'Ivoire » (août 2013) le secteur informel représente 89,4% de l'emploi en Côte d'Ivoire (soit 8.488.820 personnes, selon une étude de l'AGEPE) dont 44% de femmes.

Le régime actuel n'a pas su attirer les investisseurs qu'ils soient nationaux ou étrangers. La crainte d'une perpétuation des troubles qui avait valu à la Côte d'Ivoire la note « D » de risque-pays, ne disparaît pas du seul effet de retour de cette note à « C ». Deux hôtels de classe internationale ont été lancés depuis la fin des troubles, l'*Azalaï Hôtel* dont la construction a démarré en 2013, l'hôtel *Mövenpick* décidé à la fin de 2015. 2016 a vu l'ouverture du chantier d'un troisième hôtel, *Noom Hotel d'Abidjan.* Au regard des millions de travailleurs (salariés et « patrons ») du secteur informel, l'impact de ces trois opérations restera très mince.

Le 10 février 2016, la Côte d'Ivoire et le Canada ont signé un accord aux termes duquel, « chacune des Parties encourage la création de conditions favorables permettant aux investisseurs de l'autre Partie de faire des investissements sur son territoire et admet ces investissements conformément aux dispositions du présent accord » (article 3). En combinant ce texte avec la règle imposée par l'UEMOA aux termes de laquelle un investissement réalisé à l'extérieur de l'espace UEMOA doit être financé à 75 % par les banques du pays-cible, on constate que l'accord ne profitera qu'aux entreprises canadiennes qui s'implanteront en Côte d'Ivoire ou y acquerront des entreprises dans le cadre de LBO (*leverage buy-out*) avec le soutien des banques locales correspondantes de celles de Toronto.

À la fin de février 2016, un nouvel accord économique a été signé entre la Turquie et la Côte d'Ivoire, qui inclut notamment la construction d'une usine d'armement.

Par contre, le régime en place procède à la destruction de centaines d'entreprises informelles, privant des milliers de « salariés » de leur activité et de leur source de revenu. Ce régime ne respecte pas l'article 23, alinéa 1er de la Déclaration universelle de 1948, citée dans le préambule de la constitution de 2000 : « Toute personne a droit au travail, au libre choix de son travail, à des conditions équitables et satisfaisantes de travail et à la protection contre le chômage ». Détruire des entreprises mêmes informelles, c'est priver de leur travail, des milliers de personnes.

Le secteur informel est un lieu de travail sans droit du travail. Dans une première approche, en 2015, le régime en place a imposé aux « centres de gestion et de comptabilité » d'obtenir des entreprises informelles, qu'elles paient l'impôt synthétique et cotisent à la CNPS. Il a entrepris simultanément de détruire des entreprises de ce secteur au prétexte d'implantations en des lieux gênant la circulation de l'eau. En 2016, le régime s'est livré à des destructions massives d'entreprises informelles.

Le salaire minimum de 65.000 francs cfa, décidé en novembre 2013, ne concerne que cette partie des salariés qui travaillent dans une entreprise régulièrement déclarée. Les autres, ceux du secteur informel notamment, ne reçoivent que la moitié de ce montant pour un travail qui les occupe dix heures par jour, six jours par semaine.

Ces « salariés » (déclarés à aucune caisse d'assurance-maladie ni de retraite) sont bien souvent les occupants de logements précaires proches du lieu de leur travail pour éviter les frais de déplacement.

4. Solutions pour sortir de l'habitat précaire

Le foncier constitue, avec le financement, l'une des clés pour agir en faveur de la production d'un habitat décent et d'une maitrise du développement des villes. Régulation des marchés fonciers, sécurisation de l'occupation dans les quartiers informels, renforcement du rôle des collectivités locales dans la gestion de leur territoire : ces évolutions sont à promouvoir et accompagner. Elles dépendent souvent de réformes foncières profondes qui reconnaissent la complexité des modes d'appropriation du sol pour l'habitat et offrent d'autres alternatives de sécurisation aux habitants que le seul titre foncier (propriété collective, prescription acquisitive, location-vente[10], etc.).

Les logements précaires étant construits sans permis de construire, le « propriétaire » du terrain devrait être pénalisé pour avoir laissé implanter une construction non-autorisée et insalubre.

Subsiste le déficit de logements ; il convient en outre de répondre à 42 000 demandes annuelles de logements nouveaux dont une part importante de logements sociaux.

5. Développement durable et logements sociaux

Il serait inacceptable au XXIe siècle que les logements sociaux ne répondent à aucune des normes du développement durable. L'État et les collectivités territoriales doivent profiter de ces chantiers pour instituer et imposer ces normes, particulièrement celles qui permettent de réduire la consommation électrique.

5.1. Loger une population pauvre et croissante

En 1960, Abidjan comptait 300.000 habitants dans une Côte d'Ivoire de 3.000.000 d'habitants. Globalement, la population urbanisée représentait environ 20 % du total. Il est probable que le district d'Abidjan groupe 7 millions d'habitants (officiellement, depuis près de dix ans,

---

[10] Cette solution fut utilisée avec succès par des sociétés immobilières telles la SOGEFIA, la SICOGI, la SIPIM et le Groupement foncier permettant de doter Abidjan de parcs immobiliers importants évalué à un total de 72 000 logements.

Abidjan abrite 5 millions d'habitants) sur un total de 23 millions dont la moitié est urbanisée.

La partie la plus modeste de cette population s'abrite dans des habitats précaires faits de quelques poteaux de bois recouverts d'une bâche plastique, sans le moindre confort, soit 1,5 millions de personnes dans Abidjan.

Ces habitats sont le plus souvent sur des terrains inconstructibles tels des emplacements soumis au risque de glissements de terrain.

Installés dans des zones vallonnées, sous des hautes tensions électriques, dans des cuvettes, sur des terrains irréguliers, les maisons sont parfois construites en dur, ou de simples baraques faites de quelques poteaux recouverts d'une feuille de plastique noir.

Des logements bâtis dans le lit de cours d'eau temporaires qui grossissent rapidement lors d'une violente pluie, sont à la merci d'une pluie violente qui emporte les maigres biens et noient parfois les petits enfants, voire des adultes. 32,40 % des habitants n'ont pas accès à des toilettes.

5.2. Au moins, l'isolation thermique

Les logements sociaux sont construits en exécution de marchés publics. Il appartient donc à l'État de fixer les normes minimales auxquelles ces réalisations doivent se conformer.

Isolation thermique + chauffe-eau solaire = Plus de confort + moins d'électricité

Ce n'est pas parce qu'une population est pauvre qu'il faut qu'elle paie de plus lourdes factures d'électricité et d'eau.

Les logements sociaux du meilleur niveau, des villas au lieu d'appartements, doivent disposer d'un équipement récupérant et filtrant les eaux pluviales.

5.3. Maison conteneur

Sont utilisés ici, des conteneurs « dernier voyage ». S'agissant de matériels au rebut, ils sont peu coûteux et leur mise en œuvre est rapide. Ils sont souvent utilisés comme entrepôts ou convertis en bureaux. Ils font des logements très convenables. Une maison conteneurs s'inscrit dans une démarche responsable car c'est l'occasion de redonner une seconde vie à ces boites en acier. On peut les empiler en logements collectifs verticaux, les juxtaposer pour réaliser des logements horizontaux.

La durée de réalisation est brève, 1-2 mois de construction selon le projet dont 1 mois de démarches administratives. Avec une maison traditionnelle il vous faudra compter 12 mois et plus.

Parce que ses éléments de base sont en acier, une maison container non isolée aura du mal à être rafraichie. Son isolation thermique est indispensable, par l'extérieur (bardeaux de bois et laine de roche) ou par l'intérieur (laine de roche et double cloison).

On conseille également de poser un pare-vapeur à l'intérieur de la maison. Ce film plastique ou métal permet d'éviter la formation d'humidité sur les parois. Plus l'indice de protection de ce pare-vapeur est élevé, plus il sera efficace.

La maison conteneur offre la possibilité de produire de l'énergie renouvelable en équipant les toitures de panneaux solaires thermiques produisant l'eau chaude, mais aussi de panneaux solaires photovoltaïques permettant de réduire considérablement les charges liés à la consommation d'énergie (nous supposons que l'État, tel le Sénégal cesse de traiter les panneaux photovoltaïques en produits de luxe et qu'il les exonère de droits de douane, et qu'il fait admettre à la CIE cette petite concurrence).

Isolation intérieure

L'isolation intérieure est très souvent préférée bien que ce ne soit pas la plus efficace. En effet, les déperditions énergétiques (de l'intérieur vers l'extérieur) restent importantes car des ponts thermiques peuvent toujours être oubliés ou apparaitre à certains endroits. Autre point négatif : si l'isolant intérieur est relativement épais, il fait perdre de l'espace. Les dimensions intérieures d'un container étant déjà étroites, cette isolation ne leur est spécialement adaptée. Si vous préférez cette solution, sachez qu'une épaisseur de six à dix centimètres de laine de roche peut être suffisante. Les angles sont parfois difficiles à isoler correctement.

Isolation extérieure

Plus onéreuse que l'isolation intérieure, l'isolation extérieure permet d'envelopper la maison de manière très sûre qui évite toutes les entrées de chaleur, les déperditions d'énergie. Pour être la plus efficace possible, un isolant extérieur doit mesurer entre dix et trente centimètres d'épaisseur. Dans la mesure de votre budget, vous choisissez l'isolant le plus épais possible. Ce dernier doit être recouvert d'un pare-pluie puis du revêtement de façade choisi. Enfin, il faut savoir qu'il est possible d'isoler sa maison grâce à de la mousse polyuréthanne. Cet isolant a fait ses preuves en États-Unis. La couche de mousse obtenue permet d'isoler très rapidement la maison. Ensuite, il suffit d'installer un bardage par-dessus, comme on aurait pu le faire avec n'importe quel autre isolant.

Isoler le toit terrasse d'une maison conteneur

L'isolation d'un toit terrasse a plusieurs fonctions. Elle doit tout d'abord limiter au maximum les risques de condensation, mais doit également assurer une température ambiante confortable à l'intérieur même de l'habitation. Enfin, une bonne isolation va également permettre une bonne conservation du support de la toiture en le préservant au maximum des écarts de température. On peut distinguer une toiture chaude non isolée d'une toiture chaude isolée, beaucoup plus commune, qui sera équipée d'un pare vapeur directement posé sur l'élément porteur.

Enfin, si certains font le choix d'une toiture végétalisée, d'autres optent pour une toiture inversée dont l'isolation, particulièrement efficace, est conçue à partir d'un isolant polystyrène et de graviers.

Prix de l'auto-construction d'une maison conteneur en fonction de la taille[11]

Un container dry 40′ mesure :

11

http://www.lamaisoncontainer.com/Forum2/ConnectixBoards_0.8.4/index.php?showtopic=10&page=1#143

- 12,01 m de longueur (dimension intérieure)
- 2,33 m de largeur (dimension intérieure)

Ce qui fait 28 m² par container (volume de 65 m3 et un poids de 3850 kgs). En associant trois containers on a donc 12,01 x 2,33 x 3 = 84 m² ; en associant quatre containers on a donc 12,01 x 2,33 x 4 = 112 m²

Si est installée une isolation par l'intérieure, ces surfaces diminuent en raison de l'épaisseur de l'isolant et des plaques de Placoplatre ou autre.

Un container dry 40′ en neuf coûte entre 1 et 2,5 millions de FCFA. Ici, 2 000 000 FCFA[12] (6 000 000 FCFA pour 3 et 8 000 000 FCFA pour 4). En occasion les prix varient selon l'état des containers.

On trouve des containers 40′ dry dernier voyage pour 1 500 000 FCFA, et parfois des containers d'occasion à moindre prix.

Si les conteneurs sont neufs, leur coût est plus élevé, sans ajouter une utilité évidente.

Pour notre chantier nous avons donc payé :

- Container 40′ dry dernier voyage : 1 500 000 FCFA
- Transport du port au chantier (sur la base de 70 km) : 200.000 FCFA
- Grutage : 600.000 FCFA

[12] Cette estimation comme celles qui suivent ne tiennent pas compte de la fiscalité et des frais douaniers ivoiriens.

Total de 2 300 000 FCFA posé livré (hors droits de douane et impôts divers).

Si nous installons trois ou quatre containers d'occasion, une réduction de prix sur les containers devient possible. Ce qui donne alors :

– 3 containers 40′ dry d'occasion : 4 500 000 FCFA

– Transport : 600.000 FCFA

– Grutage : 700.000 FCFA (prix sensiblement identique car c'est l'installation de la grue sur le terrain qui prend le plus de temps, le grutage des containers est très rapide)

Total : 5 800 000 FCFA

Pour réaliser un logement intégrant quatre conteneurs :

– 4 containers 40′ dry d'occasion : 6 000 000 FCFA

– Transport : 200.000 FCFA

– Grutage : 800.000 FCFA

Total : 7 000 000 FCFA

En supposant un projet à base de 3 containers :

- Coût du terrain 1 000 000 FCFA, superficie 300 m².

- Frais de notaires : 200 000 FCFA.

- Étude de sol pour permis de construire : 200 000 FCFA.

- Permis de construire par un architecte : 1 500 000 FCFA (cher).

- 10 m3 de sable pour les gaines de la tranchée : 150 000 FCFA.

- 25 m3 de cailloux (tout venant) : 600 000 FCFA.

- 4 jours de terrassement : 500 000 FCFA.

- Gaines TPC pour annexe et maison : 250 000 FCFA.

- Compteur Eau (pas encore installé) : 200 000 FCFA

- Isolation thermique extérieure : 2.000.000 FCFA.

Coût global de la maison habitable : 13 600 000 FCFA.

Des variantes peuvent être calculées sur la base de quatre conteneurs ou en supposant des conteneurs de prix différents, éventuellement plus chers.

5.4. Maison préfabriquée en usine

La pénurie de logements bon marché qui touche l'Afrique devrait conduire des industriels à pré-fabriquer en usine des constructions modulaires (métier à importer en Côte d'Ivoire).

Les maisons préfabriquées sont le plus souvent constituées de panneaux-sandwich incorporant des éléments isolants en polyester. Ces maisons favorisent donc l'économie d'énergie ; elles s'opposent à l'entrée de chaleur. Elles permettent aussi l'auto-construction de la maison familiale ou la réalisation d'une extension ou d'une annexe à la maison.

La société française « Maison Phénix » est en mesure de franchiser un constructeur et de lui fournir les plans, la documentation technique, les adresses des fournisseurs d'équipements, etc.

5.5. Coopérative d'habitants

Alors qu'en règle générale, une construction est réalisée par un promoteur qui en assume les risques commerciaux, une coopérative d'habitants est un groupe de personnes qui déterminent en commun « un lieu de vie, un mode de cohabitation et de financement, et les fonctions des espaces communs ».

Une coopérative de construction est une société conçue par un promoteur et dissoute après la fin de la construction et de la commercialisation des lots.

Au contraire, une coopérative d'habitants reste le propriétaire de l'immeuble dont les habitants disposent d'un statut intermédiaire entre celui du locataire et celui du copropriétaire. Les membres de la coopérative sont seuls attributaires des logements ; ils bénéficient d'un droit d'usage qui s'étend aux espaces communs (laverie, grand réfectoire qui peut être réservé pour de grandes occasions, atelier de réparation, etc.)[13].

Conclusion

Le développement du Tiers-Monde ne peut se faire en ignorant les besoins des ressortissants de chaque pays. Le droit à disposer d'un emploi fut énoncé dans le préambule de la constitution française de 1946 : « Chacun a le devoir de travailler et le droit d'obtenir un emploi. » Il serait heureux que les dirigeants du Tiers-Monde s'en inspirent.

---

[13] D'après Maria CRESPO, « Contre la spéculation », *El Mundo*, *Courrier international* n° 1317, 28 janvier-3 février 2016, p.40.

Faire venir des investisseurs est malaisé dans des pays dont la stabilité politique est incertaine, dont les magistrats ont une triste réputation, dont les institutions financières préfèrent ériger des fortifications pour empêcher l'argent de sortir, que laisser les opérateurs libres. Le secteur informel comble une partie au moins de l'insuffisance d'emplois.

Les rémunérations qui y sont versées sont très inférieures au minimum légal, les bénéfices le sont souvent tout autant. « Patrons » et salariés de ce secteur, faute de logements sociaux, logent dans des habitations précaires.

Détruire ces microentreprises et ces minuscules logements ne favorise en rien la croissance économique, mais précipite des milliers de personnes dans la misère dont une issue est la prostitution pour les femmes, et une autre le banditisme pour les hommes.

Résumé

Le secteur informel est un moyen apprécié par la Banque mondiale et le FMI pour lutter contre la pauvreté.

Les logements précaires permettent à une importante population de survivre à l'abri des intempéries.

Tandis que le secteur informel reste à l'écart des administrations notamment de celle des impôts, les habitats précaires se multiplient loin du droit foncier et des règles les plus élémentaires de salubrité et de sécurité.

Le premier et les seconds sont exploités par les mêmes populations ; en particulier les « rémunérés » du premier logent bien souvent dans les seconds.

La disparition du premier pourrait être liée à la création d'emplois industriels ; elle est plutôt l'effet de décisions administratives qui ravagent des espaces de vies commerciales minuscules, sous la protection de soldats en arme, renvoyant des travailleurs à la misère.

La disparition des seconds impliquerait la construction de logements « sociaux » à très bas prix, lourdement subventionnés par l'État. Elle est encore l'effet de destructions commises avec le concours de forces armées, sans autre issue que la reconstruction un peu plus loin du même genre de logement.

Mots-clés : secteur informel, habitat précaire, isolation thermique, conteneur, préfabriqué.

Abstract

The informal sector is a way appreciated by the World Bank and the IMF to fight against the poverty. Precarious housings allow to an important population to survive shielded from the bad weather.

Whereas the informal sector stays away from the administrations particularly of that of the taxes, the precarious housing environments multiply far from the land law and from the most elementary rules of healthiness and security.

The first one and the second are used by the same populations; in particular the "paid" of the first one live very often in the second.

The disappearance of the first one could be connected to the creation of industrial jobs; it is rather the effect of administrative decisions which ravage spaces of tiny commercial lives, under soldiers' protection in weapon, sending back workers to the poverty.

The disappearance of the second one would involve the construction of "social" housing with very low cost, heavily State-subsidized. It is again the effect of destructions committed with the cooperation of armed forces, without other outcome(exit) than the reconstruction a little farther of the same kind of accommodation.

Bibliographie

Banque mondiale, OP 4.12, « Involuntary Resettlement », décembre 2001

BUCHEZ Philippe-Joseph-Benjamin, ROUX Prosper Charles, *Histoire parlementaire de la révolution française*, éd. Paulin, Paris, 1793

CRESPO Maria, « Contre la spéculation », *El Mundo*, *Courrier international* n° 1317, 28 janvier-3 février 2016, p.40

UVICOCI, « Études des quartiers précaires dans les treize (13) communes du District d'Abidjan et définition des plans de restructuration », 27 novembre 2013

LES CAHIERS DE L'IREA
N° 11 - 2017

Revue de l'Institut de recherches et d'études africaines (IREA)

Débat théologique et religieux

••

Gustave Adolphe MESSANGA, Alain Roger BOULLA MEVA'A, Stéphane SOGBOU LOYEM

Ismaïla DATIDJO

Alain Roger BOULLA MEVA'A, Samuel Béni ELLA ELLA

Akabla Florentine AGOH, Epse KOUASSI

Antoine muikilu NDAYE

Akabla Florentine AGOH

L'Harmattan

LA REVUE LES CAHIERS DE L'IREA
(Institut de Recherche et d'Études Africaines)

- **<u>Abonnement annuel (4 numéros) (Frais de port inclus)</u>**
  - **France……………..……………...………..Euros**
  - **Étranger et DOM-TOM…………………Euros**
  - **Afrique…………………...........….………...Euros**

- **<u>Vente au numéro (Frais de port inclus)</u>**
  - **France, DOM-TOM et étranger………..Euros**
  - **Afrique…………………………..…….Euros**

La revue Les Cahiers de l'IREA est disponible, sur commande, par correspondance aux Éditions L'Harmattan, 7 rue de l'École Polytechnique, 75005 Paris

✂…………………………………...……………

BON DE COMMANDE

NOM ET PRENOM……....……………..…………………..

ADRESSE………………..………….…………………………..

CODE POSTALE………….…………………………………..

DATE SIGNATURE

Règlement par chèque postal, bancaire ou mandat international à l'ordre des Éditions l'Harmattan :

Éditions L'Harmattan, 7 rue de l'École polytechnique, 75005 Paris

L'HARMATTAN ITALIA
Via Degli Artisti 15; 10124 Torino
harmattan.italia@gmail.com

L'HARMATTAN HONGRIE
Könyvesbolt ; Kossuth L. u. 14-16
1053 Budapest

L'HARMATTAN KINSHASA
185, avenue Nyangwe
Commune de Lingwala
Kinshasa, R.D. Congo
(00243) 998697603 ou (00243) 999229662

L'HARMATTAN CONGO
67, av. E. P. Lumumba
Bât. – Congo Pharmacie (Bib. Nat.)
BP2874 Brazzaville
harmattan.congo@yahoo.fr

L'HARMATTAN GUINÉE
Almamya Rue KA 028, en face
du restaurant Le Cèdre
OKB agency BP 3470 Conakry
(00224) 657 20 85 08 / 664 28 91 96
harmattanguinee@yahoo.fr

L'HARMATTAN MALI
Rue 73, Porte 536, Niamakoro,
Cité Unicef, Bamako
Tél. 00 (223) 20205724 / +(223) 76378082
poudiougopaul@yahoo.fr
pp.harmattan@gmail.com

L'HARMATTAN CAMEROUN
BP 11486
Face à la SNI, immeuble Don Bosco
Yaoundé
(00237) 99 76 61 66
harmattancam@yahoo.fr

L'HARMATTAN CÔTE D'IVOIRE
Résidence Karl / cité des arts
Abidjan-Cocody 03 BP 1588 Abidjan 03
(00225) 05 77 87 31
etien_nda@yahoo.fr

L'HARMATTAN BURKINA
Penou Achille Some
Ouagadougou
(+226) 70 26 88 27

L'HARMATTAN SÉNÉGAL
10 VDN en face Mermoz, après le pont de Fann
BP 45034 Dakar Fann
33 825 98 58 / 33 860 9858
senharmattan@gmail.com / senlibraire@gmail.com
www.harmattansenegal.com

L'HARMATTAN BÉNIN
ISOR-BENIN
01 BP 359 COTONOU-RP
Quartier Gbèdjromèdé,
Rue Agbélenco, Lot 1247 I
Tél : 00 229 21 32 53 79
christian_dablaka123@yahoo.fr

www.ingramcontent.com/pod-product-compliance
Lightning Source LLC
LaVergne TN
LVHW011010061026
849535LV00006B/1809